Volker Friebel

Die innere Weite erspüren

Volker Friebel

Die innere Weite erspüren

Aus Fantasiereisen Ruhe und Kraft schöpfen

Walter Verlag
Zürich und Düsseldorf

Die Deutsche Bibliothek – CIP-Einheitsaufnahme

Friebel, Volker:
Die innere Weite erspüren : aus Fantasiereisen Ruhe und Kraft schöpfen / Volker Friebel. – Zürich ; Düsseldorf : Walter, 1998
CD-Ausg. u.d.T.: Die innere Weite erspüren
ISBN 3-530-30029-2

Druck und Einband:
Graphischer Großbetrieb Friedrich Pustet, Regensburg
Printed in Germany
ISBN 3-530-30029-2

Inhalt

Inhalt

Einführung

> *«Unsere Worte, Ideen, Werte, Einstellungen und Überzeugungen sind alle voll von Bildern. Finden Sie diese Bilder, und Sie werden das Verhalten verstehen können. Überdies: Finden Sie die Bilder, und Sie werden, wenn Sie wollen, Ihre Gefühle und Ihr Verhalten wahrscheinlich ändern können.»*
>
> Arnold Lazarus

Vorstellungsbilder

Wir leben in Bildern. Wenn wir eine Orange *betrachten*, dann stellen wir in uns das Bild einer Orange her. Wenn wir von einer Orange *lesen*, dann stellen wir unwillkürlich nicht etwa das Wort in uns her, die Folge der Buchstaben oder einen abstrakten Begriff, sondern eben wieder ein Bild der Orange – nur ganz flüchtig, falls wir das Wort in einem Satz lesen und gleich zum nächsten Wort übergehen, genauer, falls wir näher bei diesem Wort verweilen. Wenn wir eine Orange *erinnern*, geschieht das genauso.

Der Anblick einer Orange ruft ein bestimmtes Muster elektrischer Aktivität in unserem Gehirn hervor. Dieses Muster wird auf noch unbekannte Weise gespeichert. Das Erinnern einer Orange geschieht durch die Aktivierung dieses gespeicherten Musters. Das Muster entspricht einem Bild.

Meist sind Erinnerungsbilder deutlich blasser als die Bilder, die wir «wirklich» gerade sehen. Dieser Unterschied in der Färbung wird wahrscheinlich vom Gehirn aktiv hergestellt, um nicht dauernd Realität und Vorstellung miteinander zu verwechseln; er ist ein Kennzeichen für den Grad der Wirklichkeit. Aber beide Bilder, das «wirkliche» und das erinnerte, entspringen denselben Mechanismen unseres Gehirns. Und beide wirken auf uns in ähnlicher Weise zurück.

Auch Klänge, Gerüche, Tastwahrnehmungen, Geschmack werden offenbar in Vorstellungsbilder übersetzt. Bei manchen Menschen geschieht das sehr weitgehend, sie *sehen* dann tatsächlich Bilder oder Farben beispielsweise beim Hören einer Melodie, bei den meisten Menschen bleibt es vage.

Selbst unser Denken vollzieht sich weitgehend in Bildern. Viele Naturwissenschaftler haben berichtet, wie bahnbrechende Erkenntnisse sogar in Chemie, Physik, Mathematik nicht etwa durch abstrakte logische Verkettungen, sondern durch den Einbruch bildhafter Vorstellungen ermöglicht wurden. Albert Einstein meinte dazu: «Die psychischen Gebilde, die als Elemente des Denkens zu dienen scheinen, sind bestimmte Zeichen und mehr oder weniger deutliche Vorstellungsbilder, die sich willkürlich hervorrufen und kombinieren lassen.» (Zitiert nach Damasio 1997, S. 154.)

Wichtig für jedes Denken sind Gefühle. Gefühle erst geben eine Richtung vor; ihre wichtigste Funktion ist die der *Bewertung*, und damit der Auswahl. Je nach Bewertung reagieren wir in jeweils verschiedener Weise. In den Bildern unseres Bewußtseins sind Bewertungen immer schon enthalten. Gefühle sind etwas sehr Frühes, Fundamentales, sie spielen bereits auf den unteren Stufen des Wahrnehmungsprozesses eine Rolle, lange vor dem Eintritt einer Wahrnehmung ins Bewußtsein. Alles in unserem Bewußtsein ist immer schon von Gefühlen durchdrungen. Wahrscheinlich stellt die ganze Art eines inneren Bildes bereits eine Bewertung der Wahrnehmung oder der Vorstellung dar.

Aus Vorstellungsbildern also konstituiert sich unsere Welt. Aus Bildern, die wir aktuell sehen, in die wir anderweitig Aufgenommenes umsetzen, die wir erinnern, in denen wir denken und fühlen, aus Bildern, die wir selbst herstellen.

Wenn Vorstellungsbilder so wichtig sind, wenn sie tatsächlich so etwas wie eine «Grundsprache unserer Psyche» zu sein scheinen, liegt es nahe, sie bewußt mehr zu nutzen. Über das Erleben innerer Bilder lassen sich unsere Gefühle, unsere Bewertungen und Grundeinstellungen betrachten und verändern. Eine Möglichkeit dazu bieten Fantasiereisen. Hiermit beschäftigt sich dieses Buch.

Was sind Fantasiereisen?

Fantasiereisen sind Reisen in inneren Bildern. Innere Landschaften werden aufgebaut und erkundet. Die Bilder wirken auf unsere Psyche zurück. Fantasiereisen können dabei unterschiedliche Ziele verfolgen. Zur körperlichen und psychischen Entspannung eignen sich besonders Ruhebilder:

Ein Sommermorgen – und die Sonnenblumen im Garten – die fast unmerkliche Bewegung der schweren Köpfe mit der Sonne – kleine Geräusche hier und da; die Welt erwacht, doch die Sonnenblumen folgen nur einfach dem langsam steigenden Licht.

Solche Ruhebilder sind einfach gehalten. Sie beschäftigen sich mit der Natur und ihren immer wiederkehrenden Rhythmen. Ruhebilder werden ganz nach den eigenen Erfahrungen und Bedürfnissen ausgestaltet. Die Worte im Buch sollen dazu nur Anregungen geben. Lebendig werden alle Fantasiereisen erst in demjenigen, der sie erlebt.

Bilder aus der Natur wirken beruhigend, vermitteln Kraft und Optimismus. Die Gedanken und Gefühle kommen zur Ruhe, harmonisieren sich; die physiologische Erregung geht zurück; Atmung und Herzschlag verlangsamen sich; die Aufnahmebereitschaft steigt. Allein oder in Verbindung mit enthaltenen Entspannungsformeln sind Ruhebilder die wohl beste voraussetzungslose Methode zur Entspannung und zum Schöpfen neuer Kraft.

Eine andere Art der Fantasiereise besteht in der Erkundung innerer Räume, in der Beschäftigung mit Bildern zur eigenen Person, zu den eigenen Abhängigkeiten und Möglichkeiten, zu den Beziehungen zu anderen Menschen oder Dingen oder Situationen, zur Veränderung dieser Beziehungen:

Wanderung durch ein freundliches Tal – plötzlich vor dir die Wand, unüberschaubar, unüberwindbar – wie verän-

dert sich die Stimmung der Natur? Was wirst du tun? – Du stehst vor der Wand.

Die vorliegende Sammlung von Fantasiereisen umfaßt sowohl Reisen zur Entspannung und Ruhe als auch Reisen zur Auseinandersetzung mit der eigenen inneren Welt – und damit auch mit unserer Beziehung zum Teil der Welt um uns, zu anderen Menschen.

Verwandtschaften

Fantasiereisen zeigen Verwandtschaften zu Entspannungsverfahren und meditativen Übungen. Unterschiede bestehen weniger im Ziel, sondern mehr in der Weise des Vorgehens.

Meditation zielt auf das Erkennen der Realität und unserer Stellung in ihr. Fantasiereisen beziehen sich in erster Linie auf Ruhebilder, auf inneren Ausdruck und die Beschäftigung mit inneren Bildern. Auch innere Bilder sind ein Ausdruck der Realität, ein Ausdruck davon, wie wir in ihr stehen, wie wir Realität selbst herstellen und über solche Bilder aufrechterhalten. Insofern können Fantasiereisen, sofern sie symbolhafte innere Bilder zum Thema haben, auch als gegenständliche meditative Übungen aufgefaßt werden. Sie sind eine gute Ergänzung zur Meditation. Ersetzen wollen und können sie diese nicht.

Fantasiereisen mit Ruhebildern wie dem Gang über einen Feldweg, durch einen Buchenwald, entlang eines Baches, stehen Entspannungsübungen nahe. Vielen Menschen fällt es schwer, sich auf traditionelle Entspannungsverfahren wie etwa das autogene Training einzulassen, und sie benötigen oft lange Zeit, bis sie in der Lage sind, Ruhe, Schwere oder Wärme zu spüren, wie die dort üblichen Übungsformeln vorgeben. Die progressive Muskelentspannung – eine Folge von Anspannung und Entspannung der Muskulatur – ist zwar für manche Menschen anscheinend etwas einfacher zu erlernen, aber dafür noch um einiges langweiliger.

Bildhafte Vorstellungen fallen fast allen Menschen wesentlich leichter – und das Erleben von Entspannung in Fantasiereisen wird fast durchweg als lebendig und freudvoll berichtet. Deshalb werden Fantasiereisen heute gerne zur Unterstützung traditioneller Entspannungsverfahren herangezogen. Die alten Entspannungsverfahren lassen sich durch sie aber auch ganz ersetzen.

Darbietung

Die Reihenfolge der Fantasiereisen im Buch ist nicht verbindlich, die Reisen bauen auch nicht aufeinander auf. Dennoch wurde versucht, eine sinnvolle Reihung zu finden. Eher «leichte» Fantasiereisen, die sich mit Ruhe und Entspannung beschäftigen und meist aus einfachen Ruhebildern bestehen, finden sich tendenziell am Anfang, eher anspruchsvolle Reisen mit symbolhaften Auseinandersetzungen zur eigenen Person und Weltsicht, sind tendenziell später angesiedelt.

Unter dem Titel der Fantasiereisen stehen Schlagwörter, die auf das große Thema oder die Themen und ihre Einsatzmöglichkeiten hinweisen. *Ruhebild* beispielsweise bedeutet, daß es sich um eine Fantasiereise handelt, die ein Ruhebild enthält und zur Entspannung eingesetzt werden kann. Die Schlagwörter sind allgemein gehalten und sollen eine grobe Orientierung ermöglichen. Verschiedene Fantasiereisen, die alle als *Ruhebild* bezeichnet werden, sind deshalb nicht unbedingt beliebig miteinander austauschbar, sondern behandeln oft sehr verschiedene Aspekte.

Nach den Schlagwörtern folgt die Fantasiereise in einer ausgestalteten, literarischen Form. Sie kann gelesen und miterlebt werden. Sie kann anschließend in der Erinnerung nachvollzogen werden. Sie läßt sich aber auch auf Kassette sprechen und – vielleicht mit Musik unterlegt – beim Anhören nachvollziehen. Sie kann durch einen anderen Menschen vorgelesen werden; und Sie selbst können sie andern vortragen.

Wichtig dabei ist die *Zeit*. Eine Fantasiereise möchte *langsam* erlebt werden. Die erste Reise beispielsweise, *Gang durch den Garten,* nimmt, im normalen Sprechduktus heruntergelesen, knapp zwei Minuten ein. Als Fantasiereise dagegen kommt der Text auf mindestens fünf Minuten – und das wäre dann ein hastiger Gang ohne Rast irgendwo. Zehn Minuten wären für diese Reise eine angemessenere Zeit.

Pausen sind in Fantasiereisen fast noch wichtiger als die Worte. Denn die Worte sollen nur das eigene Erleben anregen. Nicht ein bloßes Nacherleben gesprochener oder geschriebener Worte also ist gefragt, sondern die eigene, ganz individuelle Ausgestaltung des Gehörten oder Gelesenen. Und dazu braucht es Raum, muß Zeit gegeben werden. Zwischen den tragenden Wörtern, zwischen den Sätzen ist *Zeit;* die Absätze verweisen auf *Zeit,* sie fordern eine Gelegenheit für das eigene Erleben.

Nach der Fantasiereise folgen einige Stichworte, die das Wichtigste zusammenfassen. Wird die Fantasiereise in der Vorstellung nacherlebt, ist der obere Text zum Merken zu lang. Für das grobe Schema der Fantasiereise lassen sich deshalb im Nacherleben die Stichworte verwenden. Sie werden dann mit eigenen Inhalten ausgestaltet.

Nach den Stichworten schließt sich ein Kommentar an. Darin wird etwas zur Fantasiereise gesagt, und zum Bezug auf das eigene Leben. Das muß notwendigerweise allgemein und kursorisch bleiben. Vielleicht ist Ihnen in der Fantasiereise ganz anderes wichtig, oder Sie sehen den Bezug zum «normalen Leben» in einem völlig anderen Bereich. Das ist in Ordnung. Mehr als Anregungen kann und möchte der Kommentar gar nicht geben.

Gestaltung des Umfelds

Fantasiereisen können mit anderen zusammen in einem Seminar oder Kurs erlebt werden (beispielsweise bieten Volkshochschulen oder ähnliche Träger dies an) oder zu Hause – sogar in Pausen während der Arbeit und zur Durchbrechung von besonderen, belastenden Situationen. Eine gewisse störungsfreie Zeit ist erforderlich, je nach Fantasiereise zwischen etwa fünf und zwanzig Minuten. Vielleicht hilft es, sich diese Zeit zu Hause zu sichern, indem an die Türe ein Schild gehängt wird, beispielsweise mit dem Bild einer Insel, mit Palmen und Strand.

Am besten werden Fantasiereisen regelmäßig durchgeführt. Sie können so helfen, sich eine sichere tägliche Ruheinsel aufzubauen. Vielleicht findet sich hierfür eine passende Zeit im Tagesablauf. Eine besonders gute Nachricht gibt es für alle Menschen mit Einschlafproblemen: Sie haben ihre Zeit bereits gefunden. Falls Sie über die Fantasiereise dann – leider – doch regelmäßig einschlafen sollten und so einiges versäumen, dann gilt es eben, einen zusätzlichen «Termin» einzurichten, am Tage.

Die beste Entspannungshaltung ist die Rückenlage. Auf einer Matte, auf dem Sofa oder im Bett läßt sich so die Reise erleben. Aber auch eine Sitzhaltung eignet sich durchaus dazu. Wenn aus Entspannungsübungen oder der Meditation bereits eine gute Sitzhaltung bekannt und eingeübt ist, wird diese am besten beibehalten. Ansonsten gilt es, einfach zu probieren, welche Sitzhaltung für die Zeit der Fantasiereise am bequemsten ist, ohne daß viel gewechselt werden muß. Die meisten Meditationsformen betonen ein gestrecktes, aber nicht überstrecktes Rückgrat und ein etwas nach vorne gekipptes Becken. Ob im ansonsten «normalen» Sitzen, im Fersensitz (knieende Haltung) oder im Lotus- bzw. Halblotussitz (ein Fuß bzw. beide Füße liegen auf dem jeweils anderen Oberschenkel): ein gerader Rücken bringt Energie. Wichtigster Grundsatz für Fantasiereisen aber ist: Alles, was stört oder schmerzt, sollte vermieden werden, es lenkt nur ab.

Die Augen werden am besten geschlossen; das erleichtert das Erleben innerer Bilder wesentlich. Musik ist nicht notwendig, kann aber zu einer angenehmen Atmosphäre beitragen und helfen, störende Außengeräusche abzudämmen. Die Musik selbst sollte nicht ablenken. Am besten, man wählt bereits bekannte Instrumentalmusik aus, Musik von ruhiger Gangart, ohne viele oder schroffe Brüche. Wichtigstes Kriterium dabei ist, die Musik zu mögen.

Auch wenn die Augen geschlossen sind, eine Kerze kann dennoch zur Atmosphäre beitragen. Ihr Entzünden und später ihr Löschen zeigen Beginn und Ende der Ruheinsel an. Weitere Ausgestaltungen des äußeren Rahmens einer Fantasiereise sind möglich, aber nicht notwendig.

Interpretationen

Fantasiereisen können allein oder in der Gruppe erlebt werden. Beim gemeinsamen Erleben liegt es nahe, nachher noch über dieses Erleben zu reden. Das Gespräch sollte eine Möglichkeit zum Austausch bieten, aber dazu gedrängt werden sollte niemand. Das Erfahren in einer Fantasiereise ist letztlich privat.

Wenn über Fantasiereisen gesprochen wird, sollte beachtet und geachtet werden, daß das Erleben derselben Fantasiereise sich bei verschiedenen Menschen völlig unterscheiden kann. Auf eine Wertung – dies ist gut, jenes ist schlecht – sollte möglichst verzichtet werden. Interpretationen mögen natürlich reizvoll sein. Aber eine Interpretation ist immer in der Verantwortung des Interpretierenden. Außer der Fantasiereise, die er interpretiert, gehen noch er selbst und seine ganze bisherige Lebenserfahrung, seine eigenen Vorstellungen, seine Wünsche, seine persönliche Beziehung zum Berichtenden und vieles andere mehr in seine Interpretation mit ein. Eine Interpretation kann so immer nur eine mehr oder weniger hilfreiche Konstruktion sein. Sie sollte nicht für «die Wahrheit» gehalten werden.

Als Beispiel für die Verschiedenheit von Vorstellungsbildern möchte ich zwei Berichte zur Fantasiereise *Immunzellen strömen* erwähnen. In ihr geht es darum, Immunzellen, die im Knochenmark gebildet werden, beim Wachstum zu unterstützen und kraftvoll durch den Körper strömen zu lassen. Ein Mann stellte sich die weißen Blutkörperchen als Trauben vor, die wachsen, dann geerntet und in Bottichen zerstampft werden und dann schließlich ins Blut strömen. Eine Frau sah die Immunzellen als heranwachsende Kinder, die auf ihre Aufgaben vorbereitet und dann in die Welt hinausgeschickt werden, zur Hilfe für den Körper als Ganzes und für sich selbst. Beides wurde nach demselben Vortrag der – recht sachlichen, medizinisch orientierten – Fantasiereise berichtet.

So weit kann Erleben auseinandergehen. Wichtig ist nicht, es in eine ganz bestimmte Richtung zu lenken. Wichtig ist, daß die Bilder als persönlich bedeutsam und stimmig, als kraftvoll und hilfreich erlebt werden. Und so, wie ganz verschiedene Möglichkeiten der Ausgestaltung von Fantasiereisen bestehen, so ist es auch mit der Interpretation. Eine Interpretation ist dann gut, dann gelungen, wenn sie persönlich bedeutsam und stimmig ist, sich als kraftvoll und hilfreich erweist. Sie ist dann gut, wenn sie Klärung zu alten Fragen bringt und neue Wege eröffnet.

Eigene Fantasiereisen

Fantasiereisen lassen sich ohne weiteres auch selbst erfinden. Besonders leicht geht das bei Ruhebildern. Am besten werden dazu die im Buch beschriebenen Ruhebilder zunächst immer stärker variiert. Dazu wird ein Abschnitt sehr viel genauer und ausführlicher als beschrieben gedanklich ausgeschmückt und um neue Elemente bereichert.

Ein Beispiel: In der Fantasiereise *Buchenwald* wird der Gang durch einen Buchenwald erlebt. Der zweite Abschnitt lautet: «Vogelstimmen, hier eine, da eine, verborgen in Wipfeln, sie machen den Raum tief.» Hierbei kann länger verweilt werden. Die Stimmen können näherrücken, ein Vogel kann vorgestellt werden, wie er auf einem Buchenast sitzt und singt; wie er innehält und sein Gefieder putzt, weitersingt; seine Bewegungen, die Leichtigkeit seines Lieds und seiner selbst ... Vielleicht ist sein Nest in der Nähe. Vielleicht liegen einige Eier darin. Der Vogel schüttelt seine Flügel. Eine Flaumfeder löst sich, fällt langsam zur Erde ... ihren Fall beobachten, wie sie dahinsegelt, in Kreisen, wie die Äste vorbeigleiten, wie sie die Höhe und Tiefe des Raumes ausmißt. Vielleicht segelt sie über einen kleinen Waldbach. Vielleicht bleibt sie dann an seinem Kiesufer liegen oder auf Moos unter einem Baum auf der anderen Seite ... Andere Teile der Fantasiereise werden dann einfach verkürzt oder ganz weggelassen.

So lassen sich aus anfangs kleinen Variationen langsam ganz eigene Fantasiereisen gestalten. Diese können auch in Fortsetzungen erlebt werden. So kann bei dieser

Flaumfeder verweilt werden. Sie liegt nun beispielsweise auf dem Kiesufer des Waldbachs. Die Fantasiereise endet damit. Am nächsten Tag wird das Bild wieder aufgenommen. Die Flaumfeder am Kiesufer wird vorgestellt. Waldbienen summen; ein Schmetterling fliegt über sie hinweg. Sie zittert leicht in den Schallwellen der Vogellieder ... Ein Wind kommt auf. Die Feder fliegt hoch – und landet im Waldbach. Leicht treibt sie auf seiner Oberfläche. Auf den Schnellen nimmt ihre Geschwindigkeit zu. Sie gerät in den Strudel und schießt bachabwärts. An einer breiten Stelle wird sie ganz langsam. Langsam treibt sie dahin, über den Kieseln des Bachgrunds und den gespiegelten Bäumen ... Vielleicht wird sie am Ende der zweiten Fantasiereise an Land gespült und liegt nun da, trocknet in der warmen Sonne. Und eine dritte Reise nimmt das Bild wieder auf. Ein Windstoß kommt und weht sie umher im Wald. Oder Kinder kommen, und sie wird mitgenommen, nach Hause ...

Meeratem

Vor allem in den Fantasiereisen mit Ruhebildern stehen immer wieder Entspannungsformeln, Vorstellungsbilder zur Ruhe, zur Schwere, zur Wärme, zur Beobachtung des Atems. Die Atembeobachtung kann auch ohne weitere Vorkenntnisse im Alltag oder in, besser noch *vor,* Streßsituationen angewandt werden.

Atembeobachtung bedeutet ganz einfach, den eigenen Atem wahrzunehmen, darauf zu achten, wie er ein- und ausströmt, ganz von selbst, ohne daß willentlich etwas dazu getan werden muß. Der Atem trägt den Beobachter. Er wird dazu nicht verändert, nicht etwa verlangsamt oder vertieft. Er wird einfach nur beobachtet, so wie er ist – zwei, drei, fünf, zehn, zwanzig Atemzüge lang, so lange wie in der Situation Zeit ist und die Übung hilfreich erscheint. Diese Atembeobachtung kann eine sehr starke Entspannungsübung sein. Sie löst aus der belastenden Situation heraus und gibt einen natürlichen Rhythmus als Beobachtungsobjekt. Rhythmen beruhigen, vor allem natürliche Rhythmen mit einer Frequenz langsamer als der Herzschlag.

Die Atembeobachtung kann erweitert werden zu einer meditativen Entspannungsübung, die ich *Meeratem* genannt habe. Dazu ist etwas mehr Zeit erforderlich. Außerdem braucht es einige Vertrautheit damit. Die Übung sollte in Belastungssituationen deshalb nur eingesetzt werden, wenn ausreichend Zeit ist. Und sie sollte dann gut bekannt sein. Wenn die Zeit fehlt oder wenn erst gegrübelt werden muß, wie die Übung denn eigentlich geht («Wie war das noch einmal: erst die Wellen und dann der Atem? Die Wellen hin oder her?»), wird sie in schwierigen Situationen kaum hilfreich sein können, sondern vielleicht eher Streß verstärken statt auflösen. Richtig angewandt, ist sie eine der besten Entspannungsübungen, die ich kenne, einfach und ohne notwendige Voraussetzung.

Meeratem geht so:

1. Die Augen werden geschlossen. Zunächst ist da die Vorstellung eines Meeres, ein inneres Bild der Wellen, wie sie an einen Strand (oder an eine Felsküste) branden und wieder zurückströmen. Die Kraft in den Wellen wird wahrgenommen.

2. Dann wird dieses Bild mit der Atembeobachtung verbunden. Die Wellen branden im Rhythmus der Atmung. Die Kraft des Meeres strömt in einen selbst hinein, in diesem Rhythmus. Zwischen den Atemzügen ist Stille – die Vorstellung von Ruhe und Klarheit in dieser Stille.

Das ist bereits die ganze Übung.

Eine mögliche Erweiterung besteht darin, Ein- und Ausatmung unterschiedlich zu belegen:

3. Mit dem Einatmen strömen die Ruhe und Kraft des Meeres in den Übenden hinein. Mit dem Ausatmen strömen Unruhe oder anderes Störendes aus ihm heraus und lösen sich auf in der Weite der Welt.

Der Garten

Eine Hilfe beim Vertrautwerden mit Fantasiereisen kann sein, sie nicht nur äußerlich in immer gleicher Umgebung durchzuführen, sondern auch bei der Gestaltung der Reisen selbst stets wiederkehrende Elemente zu verwenden. Eine Möglichkeit hierzu ist *der Garten.*

Der Garten ist groß, etwa wie ein weiter Park oder ein verborgenes Tal in der Landschaft. Er enthält Bäche, einen Fluß, Seen, vielleicht Berge, Waldstücke und Felder, Wege, verschiedene Gebäude – eben alles, was in der jeweiligen Fantasiereise vorkommt. Er ist ein Stück geschützte Natur. Alles ist dort so, wie man möchte.

Die meisten der hier gesammelten Fantasiereisen können in diesen Garten verlegt werden. Sie beginnen so in einem schon vertrauten Umfeld.

Allerdings muß der Garten nicht statisch sein, er kann

sich verändern. Auch seine Größe kann wechseln und die landschaftlichen Gegebenheiten. Er kann sehr einsam gelegen sein oder belebt sein mit Menschen.

Es kann hilfreich sein, den Gang durch den Garten immer an einer bestimmten, vertrauten Stelle zu beginnen. Das kann zum Beispiel eine Brücke sein, als Sinnbild des Übergangs von unserer «wirklichen» Welt in die Welt des Gartens. Das kann weiter so ausgestaltet werden, daß der Erlebende sich vorstellt, wie er aus seiner momentanen, realen Umgebung über die Brücke in den Garten gelangt. Vielleicht gelangt er auf dieser Brücke durch eine (vorgestellte) bisher verborgene Tür in der Zimmerwand – oder es ist an einem Garten- oder Rasthäuschen oder an einer Stelle am See. Die Fantasiereisen sind in der Vorstellung dann entsprechend zu ergänzen.

Vor dem eigentlichen Einstieg in die Fantasiereise kann zur Einstimmung ein kurzer Gang auf dem Pfad durch den Garten erfolgen. Oder ein Verweilen am See, mit Blick auf die Weite und Glätte des Wassers. Das wirkt entspannend und hilft mit, für die eigentliche Fantasiereise eine aufnahmebereite Stimmung zu schaffen.

Auch kann die Fantasiereise immer an einer bestimmten Stelle enden. Vielleicht ist das dieselbe Stelle, an der sie begonnen hat, vielleicht eine andere. Das muß aber nicht so sein, auch ein jeweils anderer Beginn und ein anderes Ende sind möglich.

Manche der folgenden Fantasiereisen verwenden als Rahmen den Garten. Dieser läßt sich noch weiter ausbauen, er läßt sich für den eigenen Gebrauch aber auch auf den Kern reduzieren oder ganz weglassen. Vor allem für die erstmalige Durchführung von Fantasiereisen wird der Garten aber hilfreich sein. Die erste Fantasiereise führt in den Garten ein, es ist ein *Gang durch den Garten*. Zwischen den Worten ist *Zeit*.

Gang durch den Garten

Ruhebild – Selbsterkundung

Stell dir eine Landschaft vor, die ganz für dich allein ist. Sie ist wie ein innerer Garten für dich, ein Garten der Geheimnisse, ein Garten der Stille und der Geborgenheit.

Durch den Garten führt ein Pfad. Du gehst ihn und betrachtest die Landschaft des Gartens. Da sind Wiesen und offenes Land, vielleicht Felder, kleine Wäldchen, Seen, Bäche, ein Fluß; da sind sanfte Hügel, vielleicht sogar Berge und eine Meeresbucht.

Da sind auch allerlei künstliche Dinge. Vielleicht triffst du auf Rasthäuschen, Brücken, Denkmäler zu Ereignissen in deiner Vergangenheit, Statuen mit Gesichtern dir bekannter Menschen. Vielleicht siehst du auch Dinge, die dir noch unbekannt sind.

Im Garten gibt es vielleicht Stellen, die geheimnisvoll wirken, vielleicht gar unheimlich oder bedrohlich erscheinen. An denen gehst du jetzt vorbei. Auf späteren Gängen wirst du vielleicht eine Verwandlung bemerken und sie dann besuchen können.

Du siehst allerlei Tiere und Pflanzen. Wenn du möchtest, begegnest du auch Menschen. Ihr geht aneinander vorbei, oder ihr bleibt stehen und sprecht ein paar Worte – ganz wie du willst.

Du gehst auf dem Pfad durch den Garten. Du achtest

auf alles, was um dich ist. Vielleicht fallen dir auch Geräusche, Töne, vielleicht fallen dir besondere Gerüche auf.

Du gehst durch den Garten und achtest auf all die Dinge um dich. Und du achtest auf dich selbst. Du spürst, wie deine Stimmung, wie deine Gefühle, wie deine Vergangenheit und deine Wünsche mit dem Garten zusammenklingen, wie das eine auf das andere Einfluß nimmt, wie deine Wünsche den Garten gestalten, wie der Garten zurückwirkt auf deine eigene Stimmung.

Du gehst durch den Garten und spürst, wie dein Atem mit der Ruhe des Gartens schwingt. Dein Atem ist ruhig und tief. Seine Ruhe und Klarheit wirken zurück auf dich selbst. Du spürst die Ruhe in dir.

Stichworte: *Pfad durch den Garten, den Garten erkunden.*

Dieser Gang durch den Garten kann häufig unternommen werden und doch immer völlig anders aussehen. Je nach augenblicklicher Stimmung beziehungsweise gegenwärtigem Bedürfnis kann an bekannten, wohltuenden Orten verweilt werden (an einem See, einem Fluß, auf einer Wiese, in einem Rasthaus im Wald) oder es werden noch unbekannte Orte erkundet, wie ein Berg, eine Höhle, ein Waldstück, ein Bachlauf.

Immer wieder sollte versucht werden, nicht nur die visuelle Seite der Dinge wahrzunehmen, sondern auch auf Töne, Gerüche, Berührungen, Geschmack zu achten.

Gerade wenn es um Beruhigung geht – oder um das Schöpfen von neuer Energie –, kann auch die Beziehung zum eigenen Atem hilfreich sein. Diese wird hergestellt, indem man in beruhigender, kraftvoller Umgebung auf den eigenen Atem achtet, auf sein Ein- und Ausströmen, seinen sicheren Rhythmus, der sich wiederfindet in Schritten, im Strömen des Flusses, im Rauschen der Wellen am See.

Buchenwald

Ruhebild

Da ist ein heller Buchenwald; die Stämme stehen weit auseinander, bilden einen offenen Raum. Zwischen den Stämmen wächst hohes Gras. Dein Pfad läuft einfach hindurch.

Vogelstimmen, hier eine, da eine, verborgen in Wipfeln, sie machen den Raum tief.

Nur die wenigen Stimmen der Vögel – und Wind in den Wipfeln. Der Ton des Windes in Wipfeln, der Ton der Blätter im Wind. Du versuchst, einmal den Wind zu hören, einmal die Blätter, dann wieder den Wind …

Langsam gehst du auf deinem Pfad. Hier und da hängen Halme von den Seiten über den Weg. Du streifst sie, achtest auf das kleine Geräusch.

Ein Schmetterling flattert über den Pfad, verschwindet zwischen silbernen Stämmen auf der anderen Seite. Die Leichtigkeit seiner Flügel – du achtest auf deinen Atem.

Dein Atem geht einfach nur ein und aus; er ist die Welt. Die Leichtigkeit der Vogellieder um dich. Du gehst im Rhythmus des Atems.

Ein Specht klopft. Vielleicht ist von fern ein Kuckuck zu hören.

Ein Eichhörnchen hockt auf dem Waldboden. Still schaut es zu dir her. Dann wirbelt es plötzlich herum und jagt einen Baumstamm hinauf, verschwindet im Wipfel.

All die kleinen Geräusche der Stille.

Langsam gehst du auf deinem Pfad durch den lichten Buchenwald – um dich der offene Raum; Leben, freundlich und leicht.

Stichworte: *Ein Pfad durch den Buchenwald – Vögel, Wind, ein Schmetterling – der Rhythmus des Atems.*

Buchen erscheinen, verglichen etwa mit Eichen, eher leicht und hell. Die Fantasiereise ist eine Variation über diese Leichtigkeit, über die Helle und Weite. Aber dies alles ist eingebettet in einer Geborgenheit, in einem sicheren Raum, den die großen Bäume bilden, für alles, was unter ihren Dächern lebt. Die Vögel, der Schmetterling, das Eichhörnchen. Die Halme hängen über den Weg, den jemand geht, in diesem geborgenen Raum.

Die Fantasiereise kann immer etwas verändert werden. Der Pfad mag zu einer Quelle führen und weiter, einen leichten Hang hinauf, vielleicht vorbei an einem Steinbruch. Der Pfad selbst mag sich verändern. Mal führt er über Walderde mit lockeren Moos- und Grasinseln, mal über Steine am leichten Hang, mal über weiches Gras. Vielleicht sind da andere Tiere. Vielleicht sammelt der Gehende Federn, die liegen gelegentlich am Pfad, hier eine, da eine, verschiedene Farben und Größen. Der Atem begleitet den Weg.

Die Feder

Ruhebild

Die Flaumfeder: auf dem Felsen liegt sie, gefallen von irgendwo ... Vielleicht stammt sie von einer Taube, vielleicht von einem anderen Vogel.

Der Fels – seine Härte, Schwere und Kühle ... Die Feder – ihre Zartheit, Leichtigkeit, Weichheit ...

Vögel pfeifen ringsum. Es ist wie ein Zittern, das durch die Feder geht, wenn sie die Schallwellen treffen. Es ist wie eine sanfte Berührung.

Die Feder liegt ganz im Licht. Sonnenstrahlen spielen auf ihr ein Lied.

Vogelstimmen und Licht ... Grillenlieder scheinen das Licht hörbar zu machen. Es sind die kleinen Geräusche der Stille.

Vielleicht tönt ein Wildbach von fern. Vielleicht ist da nur noch das Brausen der Stille.

Ein Wind hebt die Feder hinein in den Himmel. Frei fliegt sie hinauf, getragen von ihrer Leichtigkeit und von der Schwere der Luft, die sie unter sich läßt, und vom Wind. Höher treibt die Feder und höher, im leichten Wind, hinein in das Blau, aus dem sie kam.

Im höheren Himmel geht eine sichere Strömung. Die Feder ist in sie eingetreten. Frei zieht sie mit den Wolken dahin.

Stichworte: *Flaumfeder, auf einen Felsen gefallen – Vogellieder, Wildbachrauschen – Wind trägt die Feder hinein in den Himmel – die Feder zieht mit den Wolken dahin.*

Eine Feder, gar eine Flaumfeder, wird assoziiert mit Zartheit und Leichtigkeit; sie hat eine Beziehung zum Himmel. Zunächst liegt sie auf etwas Schwerem, Hartem, dem Felsen, wie ein Fremdes, gefallen von irgendwo in die Welt. Die Vogellieder erinnern an ihre andere Heimat. Das Rauschen des Wildbachs läßt die Bewegung stärker werden. Der Wind hebt die Feder hinein in den Himmel. Mit den Wolken zieht sie hoch über der Erde dahin.

Die Schwere spüren, den Felsen – und die Feder mit ihrer Leichtigkeit. In der Fantasiereise kann etwas von dieser Leichtigkeit und ihrer Bewegung erfahren werden.

Wiesenbach

Ruhebild

Der Bach strömt hin, zu beiden Seiten die Wiesen. Er murmelt zwischen Blumen und hohem Gras. Hier steht Schilf, dort blühen tiefgelb Sumpfdotterblumen. Die Klarheit und Frische des Wassers, seine stete Bewegung ...

Über der Wiese singt eine Lerche. Ihre in sich selbst verschlungene endlose Melodie ...

Grillen zirpen, sie sind wie ein Meer ...

Vielleicht sind von fern Motoren zu hören, ein Traktor, Autos auf einer Straße ...

Angenehme Gerüche der Wiesen: von Erde, von Blumen, Gerüche des strömenden Wassers ...

Die langsamen Schritte. Gras unter den Sohlen, die Berührung der Erde ...

Der Bach strömt immer der Schwere nach. Er kennt keine Hindernisse, kennt keinen Umweg; sein Strömen ist ganz in der Schwere, wie immer sie sein mag. Es ist die Schwere der Welt.

Das Lerchenlied strömt mit dieser Schwere, ganz leicht, einfach nur so, wie es ist.

Die Grillen zirpen die Schwere, sie zirpen die Leichtigkeit von Himmel und Gras.

Die Motoren brummen ganz in der Schwere.

Ein Vogel schwingt durch den Himmel über dem Wiesenbach, ganz leicht, ganz frei; er folgt den unsichtbaren Linien der Schwere.

Das Geräusch, wenn ein Schritt aufsetzt, im Gras neben dem Wiesenbach. Die Berührung von Sohle und Erde. Der Gleichklang von Schritten und Atem …

Der Bach strömt endlos dahin. Die Ruhe im Strömen. Die Kühle und Klarheit des Wassers, und die Frische, Lebendigkeit. Die Stille im Murmeln des Baches …

Du schöpfst dir Kraft aus der Stille.

Stichworte: *Ein Bach durch die Wiese – kleine Geräusche – der Bach strömt einfach dahin, neben ihm deine Schritte – die Kraft aus der Stille im Murmeln des Bachs.*

Sollte das Bild der Schritte stören, kann auf sie verzichtet und ganz beim Bild des Wiesenbachs und seiner Umgebung geblieben werden. Die Fantasiereise ist dann ein reines Ruhebild. Die sinnliche Qualität der Berührung kann auch anders erzeugt werden, beispielsweise indem man auf das Gefühl der ruhenden Fußsohlen auf der Erde achtet oder auf das Gefühl der Hand, die auf einem Baumstamm liegt oder über das Gras streicht. Wenn auch das stört, wird auf die Berührung ganz verzichtet, und es bleibt beim Sehen, Hören und Riechen.

Wiesenbaum

Ruhebild

Du gehst mit langsamen Schritten über die Wiese. Blumen und Gras. Die Empfindung des Gehens auf Erde … Halme streifen deine Knöchel. Die Empfindung, das leise Geräusch …

Hier und da stehen Obstbäume. Du gehst zwischen den Bäumen hindurch. Auf einem der Bäume singt eine Amsel. Du lauschst den Strophen ihres Gesangs. Sie sind wie dein Atem, wie ein jubelnder Atem, ein und aus in die Welt, freundlich und tief.

Das Zirpen von Grillen, es ist wie ein Meer, wie eine weite Fläche, wie ein Lied aus Licht, so hoch.

Die Ruhe, der Atem, das Meer aus Klängen und Licht …

Du gehst zu einem der Bäume. Du legst die Hände auf ihn und schließt deine Augen. Du versuchst, die Rauheit der Rinde ganz zu erfassen. Vielleicht spürst du die Kraft, die durch den Baum strömt, vielleicht spürst du seine Ruhe und Stärke. Du achtest auf den Geruch. Die Rinde des Baumes … Geruch von duftendem Gras … Vielleicht etwas wie der Geruch singenden Lichtes.

Sonne liegt über allem. Die Blätter des Baums lassen hier Licht durch, dort werfen sie Schatten. Wenn ein Wind sie zum Tanzen bringt, tanzt auch das Licht.

Der Gleichmut des Lichtes, des Windes, der Blätter – alles ist einfach nur so, wie es ist. Es streitet nicht, es will nichts anders, es füllt einfach nur seine Möglichkeit aus. Jedes füllt ganz seine Möglichkeit, unbefangen und unbesorgt, einfach nur da.

Du spürst die Ruhe in dir und die Kraft; du spürst deine Möglichkeit.

Über dem Baum ziehen weiße Wolken. Du verfolgst ihre Bahn. Sie treiben im Wind. In den Wolken siehst du den Wind.

Stichworte: *Über die Wiese gehen – Hören: die Amseln, die Grillen – Fühlen: die Rauheit der Rinde – Riechen: den Baum, das Gras, das Licht – Sehen: weiße Wolken am Himmel – alles füllt ganz seine Möglichkeit aus.*

Zu Bäumen zeigen Menschen seit alters her eine besondere Verbundenheit, sie spielen eine große Rolle in der menschlichen Mythologie. Der Baum des Lebens, der Paradiesbaum, der Weltenbaum, die heiligen Bäume der Kelten und Germanen, der Baum der Erleuchtung Shakyamunis – in allen Kulturen steht der Baum für Leben, für Stärke und Schutz. Auch in der Fantasiereise können wir dies erfahren.

Zunächst ist da eine Bewegung über die Wiese zum Baum. Am Baum wird die Fantasiereise zu einem reinen Ruhebild. Alle Sinne werden angesprochen. Die Wolken am Ende zeigen wieder eine Bewegung. Am Anfang der Fantasiereise ist die Bewegung über die Erde, am Ende eine Bewegung am Himmel.

Quellentanz

Ruhebild – Verwandlung

Da ist eine Quelle, offen liegt sie im Licht. Menschen gehen im Kreis um sie. Du bist einer der Menschen. Rhythmisches Gehen im Takt einer unhörbaren Musik. Schritte setzen, miteinander, im Kreis um die Quelle.

Jetzt gehen alle nach innen, gleichzeitig, beugen sich nieder, schöpfen mit Händen Kraft aus der Quelle.

Jetzt richten sich alle auf, führen die Hände zum Herzen.

Jetzt gehen alle nach außen, finden den alten Kreis. Nach außen gerichtet, breiten sie ihre Arme aus, verströmen die Kraft in die Welt, geben sie ganz.

Dann beginnt eine neue Strophe der unhörbaren Musik. Wieder gehen die Menschen im Kreis. Wieder tanzen sie die Kraft der Quelle und ihr Verströmen hinaus in die Welt. Die ausgebreiteten Arme, ganz zugewandt dieser Welt ... Und wieder beginnt die Musik.

Die Welt im Umkreis der Quelle ist still. Am Horizont ringsum drohen dunkle Wolken. Fern geht ein schweres Gewitter nieder. Fahl zucken Blitze. Hier tanzen Menschen um diese Quelle, verströmen dic Liebe und Kraft hinein in die Welt.

Vielleicht kannst du eine Veränderung der Landschaft erkennen. Vielleicht ist da keine Veränderung der Landschaft ringsum, sondern nur der Tanz um die Quelle des Lebens und das Verströmen der Liebe.

Achte auf die Gesichter der Tanzenden!

Stichworte: *Menschen tanzen um eine Quelle – tiefe Stille ringsum, ein Gewitter am Horizont – die Tänzer verströmen Liebe und Kraft.*

Heilige Orte befanden sich früher sehr häufig an Quellen oder fließendem Wasser. Quellen galten als bewohnt. Die Quellgeister wurden überwiegend als weibliche Wesen gedacht, als Wasserfrauen und Brunnenholden. Die durch das Märchen bekannt gebliebene Frau Holle ist gleichzeitig in Himmel und Erde zu Hause; sie läßt Regen und Schnee auf die Erde fallen, doch in ihr Land gelangt man durch Brunnen. Auf dem Grunde ihrer Gewässer hütet sie die ungeborenen Kinder, bis der Storch sie hinaufholt – oder die Hebamme. Und sie nimmt die gestorbenen Kinder wieder bei sich auf.

In der Antike schöpfte die Braut das Hochzeitsbad aus der Quelle. Sie verband sich so mit den Nymphen, den halbgöttlichen Wesen, die den Namen der Quelle trugen (oder die Quelle den ihren). Ihnen opferte die Frau auch für Geburt und Gedeihen der Kinder. Die Ammen des Dionysos waren Nymphen. Im Christentum bekommen die Quellnymphen die Namen von heiligen Frauen, häufig erscheint die Jungfrau Maria an ihrer Stelle. Die Bilder werden blasser – doch die Quellen rauschen wie immer.

Die Mythen ändern sich mit den Menschen, aber irgend etwas bleibt ähnlich. Alle Fruchtbarkeit kommt aus den Quellen. Da ist eine Beziehung des Schöpferischen mit dem Wasser, vor allem dem fließenden Wasser des Ursprungs. Zwischen den Nymphen und den Musen gibt es eine enge Verwandtschaft.

Im Tanz um die Quelle wird die Kraft dieses Ursprunges aufgenommen und abgegeben, hinaus in die bedrohte, in die bedrohliche Welt. Im Tanz ereignet sich eine Verzauberung, die wirklich ist, wie die Wirklichkeit des Gewitters am Horizont. Es ist wie der Unterschied zwischen verschiedenen Arten des Gehens: das einfache Gehen, das stolze Schreiten, das Hüpfen des Kindes, das Rennen. Alle sind sie gleichermaßen wahr. Aber sie bauen eine jeweils eigene Welt um sich auf, die ihrerseits zurückwirkt auf den, der sie schuf.

Unberührbar das Meer

Ruhebild – Sich öffnen

Unter dir warmer Sand. Eine angenehm kühle Brise weht vom Meer her. Sie bringt einen Geruch von Salz und Weite – und Schreie von ziehenden Möwen. Hinter dir kannst du die Brise auch in den Palmen hören. Sie redet etwas vom Himmel.

Das Meer ist weit und glatt, eine ungeheure Fläche. Nur hier am Strand ziehen Wellen, laufen den Sand hinauf, verhalten, strömen wieder zurück. Dunkle Flecken von Naß bleiben übrig. Die Sonne trocknet sie schnell. Schon stossen andere Wasserzungen hinauf.

Das Meer ist weit, die Kreise der Möwen sind weit. Du spürst eine Weite in dir – und eine Ruhe und eine Kraft.

Dein Atem geht wie die Wellen, hin und her, ein und aus, ganz von selbst, aus einem Großen heraus, das in dir ist – kraftvoll und still, unbewegt bei allem, was ist. Achte auf deinen Atem, achte darauf, wie er strömt, ein und aus, ein und aus, wie von selbst, eine Verbindung der Tiefe zwischen dir und der Welt.

Das Meer gibt sich in alles, was ist. Die Kiele der Segelboote schneiden hindurch; es öffnet sich, schließt sich.

Wind bläst darüber, läßt Wellen steigen und fallen. Die Wellen des Meeres kommen und gehen, es ist einfach so. Das Meer ist ganz unberührt.

Ein Schwarm von Fischen: ihr Flossenschlag wirbelt das Wasser, es widersteht ihnen nicht, es geht mit allem, was ist, es bleibt so ganz unberührt, nichts hält es fest.

Du spürst diese Weite in dir, und diese Unbewegtheit in der Bewegung und diese Unberührbarkeit, Unverletzbarkeit. Nichts hältst du fest in diesem Moment, alles strömt einfach nur hin.

Du spürst die Weite und Klarheit, so wie dein Atem geht. Du spürst diese Unberührbarkeit tief innen in dir.

Stichworte: *Ein warmer Meeresstrand – die glatte Fläche – Wellen laufen den Strand hoch – dein Atem geht wie die Wellen – die Wellen des Meeres kommen und gehen; unberührt bleibt das Meer – die Weite und Klarheit, die Unberührbarkeit auch in dir.*

Ein Ruhebild: der Strand und das Meer. Eine Verbindung zum eigenen Atem wird aufgezeigt. Die Atembeobachtung ist eine der einfachsten und gleichzeitig tiefsten Meditationsübungen. Sie kann auch für sich genommen werden und außerhalb der Fantasiereise ihren Sinn finden. Hilfreich dazu ist eine gewisse Gewöhnung an sie. Und dazu ist eine solche Fantasiereise ein guter Rahmen.

Sonnenblumen

Ruhebild – Veränderungserleben

Die Nacht geht vorbei, der Morgen dämmert. Eine Amsel beginnt ihr Lied, sie jubelt den Tag ein. Auf dem Birnbaum im Vorgarten sitzt sie, ganz oben, und singt der Sonne entgegen.

Im Haus ist eine Bewegung. Türen gehen, Geschirr klappert, vielleicht sind auch Stimmen zu hören.

Die Sonne erscheint am Horizont. In ihrer Größe, ihrer Stille erwacht das Leben der Erde. Erste Strahlen fallen auf die Sonnenblumen, die Sonnenblumen baden im Licht. Ihre Kelche richten sich ganz auf die Sonne aus.

Die Amsel hat ihr Lied schon beendet, nun erfüllen andere Vogelstimmen den Raum.

Eine Tür fällt ins Schloß, die Garagentür geht, Motorengeräusche, ein Auto rollt über den Kies auf die Straße, biegt um die Ecke. Ein schwacher Geruch von Benzin treibt in den Garten.

Langsam wandert die Sonne, den Himmel hinauf. Die Sonnenblumen bewegen ihre schweren Köpfe, ganz leicht, sie blicken immer ins Licht.

Wieder schlagen Türen. Kleine Schritte, Kinderstimmen, hell in den Tag, auf dem Weg ins Dorf. Ganz langsam bewegen sich die Häupter der Sonnenblumen. Das Licht steigt höher, wird heller und heller.

Die Welt ist laut. Flugzeuge dröhnen im Himmel, Autos brummen von der Landstraße her. Die Vögel scheinen in all dem leiser geworden. Die Häupter der Sonnenblumen bewegen sich einfach im Licht.

Die Sonne wandert immer weiter, ganz langsam. Mächtig und still zieht sie hin, unberührbar, durch diesen Himmel. Die Häupter der Sonnenblumen folgen ihr. Manchmal landen Insekten auf ihnen, Bienen und Käfer. Manchmal setzt sich ein Schmetterling auf sie. Die Sonnenblumen folgen einfach der Sonne.

Stichworte: *Morgendämmerung, erste Strahlen auf Sonnenblumen – die Sonne geht ihren Lauf, die Köpfe der Sonnenblumen folgen – die langsame Bewegung, dazwischen Tagesereignisse.*

Diese Fantasiereise ist ganz einfach: Sonnenblumen folgen dem Sonnenlauf. Am Morgen beginnt es und geht durch den Tag. Dazwischen kann die Aufmerksamkeit immer wieder bei den anderen Dingen des Tagesablaufs liegen, bei den Veränderungen der Menschen, der Tiere, der Welt durch die Menschen. Das gibt einen guten Kontrast, betont so die Besonderheiten der Sonnenblumen noch mehr. Der Grundablauf ist der ruhige und machtvolle Tageslauf der Sonne – und das ruhige Folgen der Sonnenblumen, ihre einfache Sicherheit, Unbeirrbarkeit, Genügsamkeit, ihre Kraft.

Bei der eigenen Gestaltung kann auch die Identifikation mit einer Sonnenblume versucht werden: Eben diese Ruhe und Sicherheit, die Langsamkeit der *einen* Bewegung … Vielleicht werden die Sonnenstrahlen empfunden wie ein brausendes Lied? Alles ist einfach so, wie es ist. Die Käfer und Bienen und Schmetterlinge tauchen auf und verschwinden. Wenn sie da sind, sind sie da, wenn sie verschwinden, rückt die Aufmerksamkeit einfach anderes an ihre Stelle. Da gibt es nichts nachzudenken, nichts für gut oder schlecht zu befinden, zu wollen, abzulehnen. Die Sonnenblume denkt nicht darüber nach, warum die Insekten wohl kommen, sie hofft nichts von ihnen, sie fürchtet nichts, sie fürchtet auch nicht die Schere. Da ist nur der ruhige und sichere Gang mit der Sonne.

Uhren

Selbsterkundung – Verwandlung

Langsam gehst du im Garten, im Schatten der Bäume. Licht fällt durchs Gezweig auf den Weg. Wind bewegt leicht die Zweige. Das Licht auf dem Weg scheint zu tanzen.

Am Weg sind Uhren aufgestellt, eine neben der anderen. Du betrachtest jede genau und überlegst, was für eine Bedeutung sie für dich haben. Vielleicht sind manche von ihnen mit einer Erinnerung verknüpft.

An einem Stück Betonwand hängt eine Bahnhofsuhr. Der große Zeiger ruckt offiziös vorwärts, das ist eine Sekunde. Nur jede volle Minute hält er etwas länger an – und beginnt seinen Kreis von neuem.

Du gehst weiter und kommst an eine große Standuhr. Das Pendel schwingt hin und her. Das Zifferblatt ist groß, fast wie ein Gesicht.

Ein Stückchen weiter hängt eine Kuckucksuhr, befestigt an einem Pfosten aus grobem Holz. Zapfen hängen an Ketten herunter. Gerade vollendet sich eine Stunde: Das Türchen geht auf, und ein Kuckuck schlägt die Zeit an.

Du schaust die Reihe der Uhren entlang und zurück auf die Standuhr. Keine schlägt mit. Jede zeigt eine andere Zeit.

Auf einem Nachtschrank am Weg steht ein Wecker. Du denkst an den Wechsel von Nacht und Tag, an die Morgen all der Jahre hinter dir, vor dir. Du schaust nach, ob der Wecker gestellt ist.

Auf einer kurzen Säule thront eine Steinplatte, auf der die nächste Uhr liegt. Es ist eine Armbanduhr. Du betrachtest sie dir genau.

Am Weg sind noch weitere Uhren. Du gehst vorbei, bleibst hier und da stehen und betrachtest dir eine davon.

Schließlich kommst du an eine offene Rasthütte aus Stein. Da steht ein Tisch, stehen Stühle unter dem Dach. Die Wände sind verborgen unter Efeu und wildem Wein. Nur eine Stelle ist frei. Das ist die Sonnenuhr. Sie liegt ganz im Licht und zeigt dir eine andere Zeit. Du stehst vor der Sonnenuhr und fühlst deinen Atem gehen, ganz in der Wirklichkeit.

Du drehst dich um und schaust nach der Sonne. Da geht sie, immer auf ihrem Weg. Die Schatten der Bäume zeigen die wirkliche Zeit. Sie ändert sich, unmerklich langsam. Sie ist wie ein Flüstern. Oder wie der fließende Gleichstand zwischen zwei Atemzügen. Du spürst, wie dein Atem tiefer wird, freier, in dieser Sonnenzeit, mit diesem Wandern des Schattens.

Stichworte: *Am Weg im Garten sind Uhren aufgestellt, du gehst und betrachtest sie alle – an der Rasthütte die Sonnenuhr – die Sonne über der Sonnenuhr.*

Was Zeit eigentlich ist, kann niemand erklären. Aber alle haben wir ein ungefähres Konzept davon, und zu dem gehört, daß unsere Zeit viel zu knapp bemessen ist. Über zu wenig Zeit wird allerortens geklagt – aber mir scheint oft auch einige Lust dabei zu sein. Keine Zeit zu haben bedeutet schließlich auch, gefragt zu sein, anerkannt zu werden, etwas erreicht zu haben, aktiv und weltzugewandt zu sein. Wenn jemand behauptet, genug Zeit zu haben, ist das fast schon verdächtig.

Das war so nicht immer. In früheren Jahrhunderten gab es offenbar viel mehr Zeit in der Welt als heute. Arbeitsabläufe und soziale Beziehungen waren weit weniger zeitlich strukturiert. In vorindustriellen Ländern ist das hier und da heute noch so. Uhren mit Läutwerk kamen bei uns erst im 17. Jahrhundert verbreitet in Gebrauch, obwohl es welche schon in der Antike gab, das Prinzip also bekannt war. Erst mit der Industrialisierung, als es notwendig wurde, den Tagesablauf vieler Menschen verläßlich miteinander zu synchronisieren, erhielt die Uhr in der Stadt den Stellenwert, den sie heute überall hat. Erst die Zeitmessung ermöglichte die Industrialisierung.

Uhren beziehen sich auf die physikalische Zeit. Diese kann von unserem subjektiven Zeitgefühl stark abweichen. Wenn wir nichts zu tun haben und uns «langweilig» ist, vergeht die Zeit im Schneckentempo. Sie rast dagegen dahin, wenn wir unter Termindruck stehen. Unser Zeiterleben ist aber nicht nur von der jeweiligen äußeren Anforderung abhängig, unter der wir stehen, der wir gerecht werden wollen, sondern auch davon, wie belastend wir dies finden, also auch von Einstellungen, Wertschätzungen, Gefühlen. Eine Arbeit, die wir gern tun, scheint schneller getan zu sein als eine Arbeit, die wir hassen. Das Zusammensein mit Menschen, die uns unangenehm sind, scheint irgendwie viel länger zu dauern als das Zusammensein mit geliebten Menschen – auch wenn die Uhr etwas anderes anzeigt.

Diese Fantasiereise bietet eine Gelegenheit, sich mit den eigenen Beziehungen zur Zeit und unserem Zeiterleben zu beschäftigen, anhand der vorgestellten Uhren. Verschiedene Uhren können für unterschiedliche Bereiche unseres Lebens oder für unterschiedliche Lebenseinstellungen stehen. Am Schluß der Fantasiereise erfolgt ein Übergang von der mechanischen Zeit der Uhrwerke zu einer Zeit der Natur: die Sonnenuhr, die Sonne, die Bewegung der Baumschatten, der eigene Atem.

Walddunkel

Perspektivenwechsel – Problemlösung

Nach der Abenddämmerung am Waldrand, am Sträßlein, du schaust dich um, blickst über die Felder. Dunkel rauschen sie im späten Wind. Vor dir, hinter dem Wald, leuchtet der Himmel. Die Siedlung liegt dort. Aber das Walddunkel ist wie eine schwarze Wand. Zögernd beginnst du die Schritte, gehst auf dem Sträßlein hinein in den Wald.

Die Wand hat sich gespalten, geteilt. Die Mitte des Sträßleins liegt im Dämmerlicht, links und rechts verliert sich alles im Schwarz. Du gehst auf dem Sträßlein, hörst auf den Klang deiner Schritte.

Im Wald links und rechts meinst du Gestalten zu erkennen, schnell wechselnd, unheimlich. Du weißt, das ist nur deine Fantasie, die sich an Büschen und Wurzelstöcken entzündet. Aber die Gestalten erscheinen dir trotzdem. Etwas in dir drängt, daß du deine Schritte beschleunigst. Du zwingst dich, langsam und sicher zu gehen.

Der Hall deiner Schritte, Wind in Baumwipfeln, waberndes Schwarz links und rechts, nahe bei dir. Der Drang von innen, schneller zu gehen ... Du achtest auf deinen Atem, achtest darauf, wie er in dich hineinströmt, und wieder heraus, ein und aus, ganz ruhig und regelmäßig, ganz von selbst.

Der Drang in dir will nicht vergehen. Du handelst ihm genau entgegen und trittst vom Sträßlein hinein in den Wald.

Da stehst du und staunst.

Um dich ist alles schnell heller geworden. Still liegt der Wald im silbernen Licht. Du schaust aufwärts. Hier und da funkeln Sterne.

Du stehst im Wald, offen und frei, die Nacht hat dich aufgenommen, du bist ein Teil dieser Nacht geworden, nun spürst du dich selbst.

Im Wald geht ein Pfad, wenige Schritte vom Sträßlein, neben ihm her. Du gehst weiter auf diesem Pfad. Der Wald ist freundlich und hell geworden, das silberne Licht scheint zu singen. Langsam gehst du den Pfad, den Lichtern der Siedlung entgegen.

Stichworte: *Nachts auf einer Straße durch den Wald gehen – enge Dunkelheit, der Drang loszurennen – statt dessen hinein in den Wald – das Dunkel lichtet sich, der Wald wird zauberhaft schön.*

Das Auge paßt sich der Helligkeit an. Bei größerer Helligkeit verengt sich die Pupille, um sich zu schützen, bei sinkender Helligkeit weitet sie sich, um mehr Licht zu bekommen. Das, was wir als hell und dunkel sehen, entspricht so nie genau den tatsächlichen Verhältnissen, sondern ist eine Mischung aus diesen und der Anpassungsleistung des Auges. Die Waldstraße liegt im Licht, mein Auge ist an dieses Licht angepaßt, der Wald links und rechts erscheint deshalb dunkel. Verlasse ich die Straße, die relativ starke Helligkeit, und gehe in das Dunkel hinein, in die dort relativ geringere Helligkeit, paßt sich das Auge an diese an. Es weitet sich, nimmt mehr Licht auf, das Dunkel wird heller, die, relativ gesehen, hellere Straße wird strahlend.

Was sich bei dieser Fantasiereise biologisch erklären läßt, findet sich auch bei anderen Dingen ähnlich. Immer verändert sich unsere Sichtweise (und damit auch unsere Gefühle und unser Verhalten), wenn wir uns von außen in eine Sache hineinbegeben. Die Anpassungsleistung ist nicht nur eine Sache des Auges, das Gehirn insgesamt scheint dauernd solche Anpassungen vorzunehmen. Angepaßt wird auf Brauchbarkeit oder Erträglichkeit. Das Auge paßt sich dem Licht an, um auch bei stark wechselnden Umgebungsbedingungen so gut wie möglich sehen zu können. Wir passen uns an Situationen und Verhältnisse an, in die wir hineingeraten, um unser normales Leben möglichst weiterleben und unsere Sicht von uns selbst ohne größere Brüche aufrechterhalten zu können. Diese Anpassung ist keine vollkommene, sie ist eine – starke – Tendenz, sie spielt sich mit unserem Leben immer neu ein.

Dieser Mechanismus wird in der Psychologie therapeutisch genutzt, indem beispielsweise Menschen mit Ängsten gerade in die Situation gebracht und dort gehalten werden, vor der sie sich fürchten. Ihre Einstellung und ihr Umgang mit der Angst verändern sich dabei.

Solche Anpassungen sind lebensnotwendig, und sie geschehen, im Kleinen, ununterbrochen. Immer nur gut müssen sie nicht sein. Der Mechanismus ist neutral, er funktioniert zum Guten und Schlechten, er kann in jede Richtung verwendet werden. Deshalb gilt es, ihn zu verstehen. Das Verständnis hilft nicht nur, in bestehenden Situationen angemessener zu handeln, es trägt auch dazu bei, daß wir uns genauer anschauen, in welche Situationen wir uns begeben. Denn diese Situationen verändern uns, zum Guten und zum Schlechten.

Spuren

Veränderungserleben – Verwandlung – Beheimatung

Du gehst im Garten den Pfad, vorbei an einer Allee hoher Bäume. Du gehst ganz langsam und achtest auf den Wechsel von Sonne und Schatten. Du spürst deinen Atem, er geht mit dir, in seinem eigenen Rhythmus.

Hinter dir bleiben Spuren zurück. Die Spuren sind wie golden. Sie leuchten ein Weilchen und verblassen dann langsam, weit hinter dir.

Deine Schritte, der Wechsel von Schatten und Licht ... Immer weiter gehst du, ganz langsam und frei, ohne Ziel, außer dem einen Ziel, das im Gehen liegt und im Zusammenklang des Schritts mit der Erde.

Hinter dir die Abdrücke deiner Schritte wie golden ... Ihr Leuchten, ihr langsames Verblassen ... Du bist lang weitergegangen, da sind jetzt nur noch die Spuren.

Nach einer Weile sprießen Blumen aus den verblaßten Spuren heraus. Sie öffnen ihre Blüten der Weite, der Welt.

Irgendwo weit vorne gehst du noch immer den Pfad, in jedem Schritt das Vergehen der Zeit. Und hinter dir hier dieses Leuchten, und das Vergehen des Leuchtens.

Hinter dir das vergangene Leuchten, der Pfad wie zuvor – und die sprießenden Blumen.

Irgendwann welken die Blumen, vergehen. Ihren Nektar haben Bienen geholt, der lagert nun verborgen im Stock. Der Pfad liegt da wie zuvor, bevor du ihn gingst, offen und weit.

Stichworte: *Den Pfad im Garten gehen – Spuren bleiben golden zurück – das Gold verblaßt, Blumen sprießen hervor – die Blumen vergehen, Honig lagert im Bienenstock.*

Spuren sind Zeichen, die von Vergangenem reden, die Vergangenes, aktuell nicht mehr Anwesendes ins Bewußtsein bringen. Sie sind nicht dieses Vergangene, nur ein letzter Rest, sind Überbleibsel, die länger währen als das, was sie schuf. Spuren reden so von der Vergänglichkeit, vom Sein in der Zeit.

Vergänglich ist alles, alles entsteht und vergeht. Auf den höchsten Gipfeln der Erde finden sich Ablagerungen von Muscheln, die reden vom Meer; die höchsten Berge waren einst Meeresgrund, und sie werden es einmal wieder sein.

Alles Leben ist dazu gemacht, zu behalten, festzuhalten, gegen die Tendenz zum Vergehen. Selbstregulation, Homöostase sind Schlagwörter zur Kennzeichnung des Lebendigen (natürlich gibt es noch andere). Eine Maschine wird von anderen gebaut. Sie bekommt von außen Energie zugeführt. Ein Lebewesen entwickelt sich von selbst – nur ein Keim und ein Anstoß sind nötig. Voll entwickelt sorgt es selbst für seine «Energie» und erhält sich seine Bedingungen so, daß es selbst möglich bleibt, lebendig.

Erhaltung ist deshalb ein wesentliches Kennzeichen für Leben. Aber letztlich setzt sich doch immer das Vergehen durch. Und das ist eingeschrieben bis in die Gene. Altern ist genetisch gesteuert, nicht einfach nur eine Art Abnutzung. Es ist vom Leben «gewollt». Für den einzelnen Menschen ist das eine schwer zu verstehende und zu akzeptierende Tatsache. Betrachtet man den Menschen oder die anderen Arten von Lebewesen aber überindividuell, dann wird es verständlich und klar. Wenn nichts alterte, sammelte Erfahrung sich immer mehr an, die einzelnen Lebewesen würden immer stärker und fähiger in der Auseinandersetzung mit ihrer Umgebung. Das ginge zu Lasten des Nachwuchses, der mit den Älteren nicht konkurrieren könnte. Die Anpassung an Neues, an Veränderungen der Umgebung aber geschieht immer durch Neues, den Nachwuchs. Eine Art müßte aussterben, wäre längst ausgestorben, wenn ihre Individuen nicht alterten und so der Nachwuchs behindert und die fortlaufende Anpassung an äußere Lebensbedingungen erschwert würde. Erst Altern und Tod der Individuen sichern das Fortbestehen einer Art.

Da ist das notwendige Bestreben nach Erhaltung – und die Notwendigkeit letztlichen Vergehens. Das stößt hart aufeinander. Beides mag unumgänglich sein, aber es befindet sich offensichtlich im Streit miteinander. Eine Möglichkeit der Auseinandersetzung damit ist wegzusehen, eine andere die Verleugnung. Die Fantasiereise soll eine «weiche» Möglichkeit bieten, sich mit diesem Vergehen zu beschäftigen. Vergehen ist eben auch Veränderung. Vergehen, das Wort legt den Schwerpunkt auf das Sein, auf das Jetzige. Veränderung schließt dieses wohl ebenfalls ein, aber der Blick verlagert sich auf das Neue, zu dem hin die Veränderung geschieht. Im Erstarrten kann es eine Heimat für das Leben nicht geben. Eine Heimat in der Veränderung finden ist vielleicht möglich. Es ist dies ein Wechsel des Blicks. Im Vergehen gibt es wenig Gutes zu entdecken – aber viel Neues und Schönes in der Veränderung.

Regenbogen

Ruhebild – Selbsterkundung

Es hat geregnet. Die Luft duftet tief und rein. Der Himmel ist aufgerissen, Wolkenreste ziehen nach Osten. Über dem Garten leuchtet ein Regenbogen.

Langsam gehst du den Pfad in Richtung des Regenbogens. Du setzt Schritt vor Schritt. Dein Atem strömt frei in der reineren Luft. In Bäumen singen wieder die Vögel.

Die Farben des Regenbogens ... Ihr Verschwimmen an den Rändern: ineinander und am Rande des Regenbogens hinein in den Himmel ...

Der Regenbogen ist nun ganz nah. Am Fuße des Regensbogens liegt eine Quelle. Weit schwingt der Farbenfächer sich hinauf in den Himmel, verschwindet im Blau und über den Bergen.

Der Spiegel der Quelle ist unbewegt. Du schaust hinein, betrachtest dein eignes Gesicht. Und da sind Bäume, der Himmel, die Farben des Regenbogens.

Ein leichter Wind geht über das Wasser. Die Bilder zittern, verschwimmen. Dann werden sie wieder ganz klar.

Dann siehst du durch die Bilder hindurch auf den Quellgrund. Dort häufen sich Perlen, Juwelen, Silber und Gold. Du schaust wieder auf die Oberfläche des Wassers, auf dein Gesicht, die Spiegelbilder von Bäumen, vom Himmel, von ziehenden Wolken.

Du schaust durch den Spiegel hindurch auf den Grund dieser Quelle, auf Perlen und Gold.

Deine Hände berühren das Wasser. Die Spiegelbilder erzittern, lösen sich auf.

Deine Hände tauchen hinein in das Wasser. Du tastest die Schätze auf dem Grund. Du holst soviel heraus, wie du willst.

Die Gewitterwolken sind abgezogen, der Regenbogen verblaßt. Du nimmst die Schätze und gehst deinen Weg.

Du gehst deinen Weg zurück durch den Garten. Überall triffst du auf Menschen. Manche davon kennst du, andere hast du noch nie gesehen. Menschen aller Berufe und jeden Alters triffst du auf deinem Weg. Jedem gibst du etwas von den Schätzen des Regenbogens. Du beobachtest, wie sich ihre Gesichter verändern. Du beobachtest die Veränderung in dir.

Bald hast du alle Schätze verschwendet und nichts davon ist übriggeblieben für dich. Du lächelst. Der Regenbogen ist über den Bäumen vergangen. Du fühlst dich frei und leicht.

Stichworte: *Den Pfad zum Regenbogen – die Quelle an seinem Fuß – der Spiegel des Wassers – die Schätze am Grunde der Quelle – Schätze bergen, auf dem Rückweg verschenken.*

Im Märchen steht ein Goldtopf neben dem Fuße des Regenbogens. Wer immer dorthin gelangt, ist reich. Allerdings hat außerhalb eines Märchens noch niemand den Fuß eines Regenbogens erreicht.

Solches Unerreichbare ist überall um uns. Der Horizont verschiebt sich immer ein Stück weiter, wenn jemand ihn erreichen möchte; der Regenbogen verschwimmt; und wenn wir im Leben ein Ziel erreichen, scheint es sich zu verändern, gar nicht das Wesentliche gewesen zu sein, nur eine Vorbereitung oder eine Etappe, und ein anderes, wichtigeres Ziel taucht dahinter auf.

Der Regenbogen kann wie ein Ruhebild erlebt werden. Im Spiegel der Quelle sehen wir die Welt und unser eignes Gesicht. Die Fantasiereise kann hier enden. Mit den Schätzen am Quellgrund beginnt etwas Neues. Das kann wie ein zweiter, unabhängiger Teil der Fantasiereise erlebt werden. In ihr geht es um Schenken, um seine Wirkung auf die Beschenkten und auf uns selbst.

Jede Beziehung zwischen Menschen ist ein Geben und Nehmen, vielleicht ein oft ungleiches, aber irgendein Austausch ist immer dabei. Meist ist uns das nicht bewußt. Vielleicht sehen wir, was wir vom anderen bekommen, aber nicht, wie er an uns teilhaben kann. Oder wir erleben umgekehrt den Vorteil des anderen, nicht aber unseren eigenen Nutzen. In der Fantasiereise wird unser oft nicht wahrgenommenes und auch meist kaum wahrnehmbares Geben symbolisiert. Hier werden alle Schätze vom Fuße des Regenbogens verschwendet, an jeden, den wir unterwegs treffen.

Hans im Glück ist eine recht lächerliche Figur, wie er ein Ding ums zufällig nächste, und zwar um ein immer geringeres, tauscht und stets seinen Vorteil darin sieht. Was er sieht, ist schon richtig, am Gold schleppt es sich schwer, eine Kuh gibt mehr Milch als ein Pferd, ein Schwein schlägt nicht aus, und so weiter. Falsch wird es nur dadurch, daß er die jeweils guten Aspekte seines Tausches für sich alleine betrachtet, nicht gegen die offensichtlichen Nachteile aufzuwiegen weiß. Die Freiheit und Leichtigkeit des Weggebens läßt sich in der Fantasiereise erfahren – ohne die Nachteile dabei.

Wichtig in der Fantasiereise ist, an *jeden* zu geben, nicht etwa nur an Menschen, die uns sympathisch sind, oder an Bedürftige. Es geht um das Schenken um des Schenkens willen, keine Nützlichkeitsgedanken sollten das Gute des Schenkens verwischen. Dem Reichen Gold schenken und lächeln, ohne Hintergedanken, einfach nur so: in der Realität geht das vielleicht gar nicht, aber in der Fantasiereise kann es uns etwas zeigen, das mehr ist als jede Nützlichkeit.

Am Feldbrunnen

Ruhebild

Am Rande der Wiesen, dort, wo die Felder beginnen, liegt der Brunnen, eine Quelle, gefaßt in Stein. Hier wird Wasser für das Vieh auf der Weide geholt; eine Bank steht daneben, Wanderer rasten hier manchmal.

Der Feldweg ist ungepflastert. Zwischen den Traktorspuren steht Gras. Hier und da glänzen Pfützen vom letzten Regen.

Ein Schmetterling flattert über dem Weg: die scheinbare Wirre seines Flügelschlags, sein scheinbares Taumeln. Er setzt sich auf eine Kleeblüte auf dem Mittelstreifen des Weges. Er findet die Blüte genau.

Auf der anderen Seite des Weges liegt ein Gerstenfeld. Die reifen Ähren wiegen sich im leichten Wind.

Die Farbe des reifen Korns hat die Farbe der Sonne. Die Farbe der Sonne durchdringt den Himmel und die langen Strophen des Lerchenlieds, sie geht durch das Zirpen der Grillen. Die Schauer des Sonnenlichts haben ihre eigene Melodie.

Hier und da leuchtet Klatschmohn im Feld. Und dort glüht dunkel das Blau einer Kornblume.

Am Rande des Feldes stehen Kamillestauden. Du riechst den Duft der offenen Blüten. Dein Atem strömt mit der Welt.

Du gehst zum Brunnen. Wasser, gefaßt in Stein: es füllt ihn, füllt seine Möglichkeit ganz aus, wie immer sie ist, in der Schwere der Welt.

Im schwankenden Wasserspiegel siehst du ziehende Wolken. Ihre Ruhe geht durch das Murmeln des Brunnens.

Du beugst dich vor und siehst dein eignes Gesicht.

Achte auf dein eignes Gesicht, dort im Wasser des Brunnens.

Stichworte: *Der Brunnen am Feldweg, die Bank – Felder und Wiesen: Sehen, Hören und Riechen – im Spiegel des Brunnens ziehende Wolken, das eigne Gesicht.*

Der erste Teil der Fantasiereise ist ein Ruhebild. Die Felder und Wiesen bei der Bank am Brunnen werden erlebt, die Weite offener Natur. Wie bei allen Fantasiereisen kann dies bei der eigenen Durchführung stark variiert werden. Vielleicht gibt es einen wirklichen Brunnen in der bekannten Umgebung, der kann dann als Muster verwendet werden.

Der zweite Teil, der Gang zum Brunnen und der Blick ins Wasser aufs eigne Gesicht, kann das Ruhebild vertiefen; er kann hier auch weggelassen und als unabhängige Fantasiereise erlebt werden.

Wasseroberflächen haben etwas viel Tieferes, Existentielleres als etwa die Spiegel in der Wohnung. Vielleicht kommt das auch daher, daß sie das Gespiegelte etwas verändern, je nach ihrer eignen Bewegtheit. In der Fantasiereise *Seelengesichter* kommt das noch stärker zum Ausdruck.

Seelengesichter

Verwandlung – Selbsterkundung – Selbstgestaltung

Du beugst dich über den Spiegel des Seelensees. Das flimmernde Wasser, gespiegelte Bäume, der Himmel ... Wolken ziehen, von Wellen manchmal gebrochen ...

Im Vordergrund schwebt dein eignes Gesicht. Du betrachtest es im Spiegel des Seelensees. Wellen lassen dein Gesicht manchmal etwas zerfließen. Immer baut es sich schnell wieder auf, wenn eine Welle vorüber ist.

Wieder kommt eine Welle. Aber diesmal ist das Bild, das sich hinter ihr aufbaut, ein anderes Gesicht, wilder, lebhafter, mit leuchtenden Augen und wallendem schwarzen Haar. Vielleicht sind ins Haar bunte Bänder geflochten, vielleicht ist da glänzender Schmuck. Das Seelengesicht lacht, bewegt seine Gesichtszüge lebhaft, als wollte es sich dir ganz zeigen. Du betrachtest es genau, versuchst alles ganz zu erfassen, dich ganz hineinzufühlen in dein anderes Gesicht da im Wasser.

Eine Welle kommt, und das Seelengesicht verschwimmt.

Als sich das Spiegelbild neu aufbaut, hat es sich wieder verwandelt. Es ist sehr ruhig, mit freundlichen glatten Zügen. Du spürst eine vollkommene innere Ausgeglichenheit, die sich in diesem Gesicht zeigt. Du betrachtest es dir genau, versuchst es ganz zu erfassen, ganz zu verstehen, dich ganz hineinzufühlen in dein Seelengesicht dort im Wasser.

Wieder kommt eine Welle, und wieder verschwimmt das Seelengesicht.

Das Gesicht, das sich dann aufbaut, ist alt. Du betrachtest die Falten, die Runzeln, das graue Haar, alle Veränderungen. Nur die Augen scheinen fast so wie immer. Du fühlst dich ganz in das Seelengesicht hinein, versuchst es ganz zu erfassen und zu leben, so wie es ist.

Die nächste Welle läßt es wieder verschwimmen.

Als nächstes baut sich ein sehr junges Gesicht auf. Du siehst dich, wie du früher warst. Du versucht, die Unterschiede ganz zu begreifen und dich in sie einzufühlen. Die Schnelligkeit kleiner Bewegungen, das Mienenspiel, der Ausdruck der Augen.

Und wieder kommt eine Welle und läßt es im Wasser verschwimmen.

Dann siehst du im Seelensee dein eignes Gesicht, so wie du jetzt bist. Du betrachtest es ganz genau, als wäre es wie eines der Seelengesichter zuvor. Du betrachtest den Ausdruck, die Augen, die Züge. Du betrachtest es neu.

Stichworte: *Dein Gesicht im Spiegel des Seelensees – Wellen zeigen dir Gesichter, die du in dir hast – am Ende dein eignes Gesicht; betrachte es neu.*

Seit einiger Zeit ist die Rede von der linken und der rechten Gehirnhälfte, die fast wie zwei unterschiedliche Personen seien, mit unterschiedlichen Fähigkeiten und Vorlieben. Unsere linke Hirnhälfte sei mehr rational, mehr logisch orientiert. Hier säße die Sprache und das, was unser Bewußtsein ausmacht. Rechts dagegen säße unsere Intuition, da ließen sich Kreativität und viele nichtsprachliche Fähigkeiten lokalisieren.

Diese Unterscheidungen gehen zurück auf psychologische Studien nach der anatomischen Durchtrennung der Nervenverbindung zwischen diesen beiden Gehirnhälften. Werden die Gehirnhälften danach getrennt getestet, zeigen sie beide voneinander unabhängig erstaunliche Kompetenzen. Und diese unterscheiden sich deutlich. Sogar unterschiedliche Vorlieben lassen sich aufweisen, beim Essen, beim Berufswunsch usw. Genauere Untersuchungen zeigen aber, daß die Unterschiede nicht völlig festgelegt sind. Zwar gibt es innerhalb des Gehirns Zonen, die spezialisiert sind, aber wenn die Umstände wechseln (wie beispielsweise nach einer solchen Hirnoperation), dann werden diese neu organisiert. So lernte beispielsweise die rechte Gehirnhälfte mancher der zunächst nur «linkssprachigen» Patienten mit der Zeit «sprechen».

Das zeigt zum einen, daß es nicht angemessen ist, Unterscheidungen zwischen der linken und der rechten Hirnhälfte so herauszustellen, wie das oft geschieht. Offensichtlich arbeitet das Gehirn üblicherweise als ein Ganzes, und wenn es daran gehindert wird, wie bei dieser künstlichen Durchtrennung von Verbindungen zwischen einzelnen Teilen, dann versucht es, eine ganzheitliche Arbeitsweise durch Neuorganisation wieder herzustellen. Es zeigt aber auch, daß es Spezialisierungen von Gehirnteilen tatsächlich gibt und daß diese unter Umständen jede für sich wie eine Einheit auftreten können.

Mir scheint, daß beides auch beim «normalen» Gehirn ununterbrochen geschieht, daß funktionale Verbindungen einzelner Hirnzentren auftreten, kurzzeitig wie eine Einheit handeln (vielleicht auch empfinden), sich wieder auflösen, daß andere sich bilden und wieder zerfallen. Manche solcher Einheiten mögen länger bestehen oder häufiger wieder auftreten, andere nicht. Manche mögen sehr einfach sein, andere komplex und – könnte man das testen – mit einer nicht weniger ausgeprägten «Persönlichkeit» als eine der künstlich voneinander getrennten Gehirnhälften.

Das Bewußtsein ist etwas, das über diese «Einheiten» hinstreicht wie ein Scheinwerfer, der die jeweils aktiven Schauspieler einer Bühne ins Licht rückt. Ein Scheinwerfer mit Automatik: jeweils die meiste Bewegungsaktivität zieht ihn an. Das Bewußtsein zeigt sehr wenig, im Vergleich zu dem vielen, was in jedem Moment in uns tatsächlich geschieht. Fast alles, was wir tun, tun wir unbewußt, wird unbewußt für uns getan. Wir laufen einen Weg in die Stadt, wie schon oft. Der Weg wird gelaufen für uns; mit unseren Gedanken sind wir vielleicht ganz anderswo. Nur wenn es plötzlich Probleme gibt, wenden wir uns der Wirklichkeit zu. Wir spielen ein Instrument, vielleicht Gitarre oder Klavier. Aber eigentlich wird das Instrument für uns gespielt. Versuchten wir, jeden Ton bewußt zu setzen, die Melodie bräche sofort zusammen. Das Bewußtsein ist viel zu langsam dafür.

Dieses Bewußtsein, dieses Scheinwerferlicht mit der subjektiven Qualität des Erlebens, nehmen wir üblicherweise als Einheit wahr, als etwas zeitlich Überdauerndes; wir konstituieren daraus unsere Person. Nebeneinandergestellt, mögen das Bewußtsein des Kindes und des Erwachsenen scheinbar nichts miteinander zu tun zu haben, dennoch unterstellen wir dieselbe Person bei beiden, denn wir sehen die Verbindung zwischen ihnen in der Verwandlung durch die Zeit. Diese Unterstellung ist sinnvoll, ganz einfach weil sie für den alltäglichen Umgang mit anderen und mit uns selbst hilfreich ist. Dennoch kann es auch gut sein, einmal auf sie zu verzichten und statt dem Verbindenden tatsächlich zwei verschiedene Personen zu sehen.

In der Fantasiereise wird mit dieser Einheit gespielt. Über die verschiedenen *Seelengesichter* wird die Einheit variiert und so ihre Veränderlichkeit bewußt wahrgenommen. Wir sind mehr, als wir meinen; diese aktuelle Person ist immer nur eine Möglichkeit unter vielen.

Diese Fantasiereise sollte nicht von Menschen durchgeführt werden, die Probleme haben, die Einheit ihrer Person zu sehen. Diese Einheit ist etwas Konstruiertes, an sich kommt ihr keine Wahrheit zu. Doch die Konstruktion ist für unser Leben in der Welt höchst sinnvoll und kaum verzichtbar; es ist problematisch, sie nicht herstellen zu können. Für Menschen, die hier keine Probleme haben, kann es hilfreich sein, einmal hinter den Vorhang unserer Lebensbühne zu schauen. Anderen sei hier sehr zur Vorsicht geraten.

Das Ei

Selbsterkundung – Verwandlung

Der Pfad führt an der Höhle vorbei. Oft schon bist du vorübergegangen, nun bleibst du stehen und wendest dich ihr zu.

Die dunkle Höhlenöffnung, geheimnisvoll und unheimlich, umschlossen von Fels. Etwas wie eine lauernde Stille und Reglosigkeit.

Du achtest auf deinen Atem, auf seinen tiefen, lebendigen Fluß, seinen Rhythmus. Du spürst die Ruhe in dir.

Du gehst auf die Höhlenöffnung zu, im Rhythmus des Atems. Sowie du näherkommst, wird das Schwarz größer – und lichtet sich etwas, wird zu einem wohligen Dämmern.

Du trittst in die Höhle ein. Der Klang deines Schrittes, zurückgeworfen vom Fels.

Du schließt die Augen, um dich an das Dämmerlicht zu gewöhnen.

Du öffnest die Augen. Das Dunkel ist hell geworden. Die Wände scheinen silbern zu leuchten.

Du schaust dich um. Ein silbernes Adernnetz durchzieht den Stein. Hier und da leuchten auch goldene Fäden und etwas wie Kristalle.

In einer Mulde findest du das Nest. Leuchtende Stoffe und getrocknetes Gras, getrocknete Blumen.

Im Nest liegt ein Ei.

Du beugst dich nieder. Du umfaßt es sanft mit den Händen. Du weißt, daß es deines ist.

Im Ei scheint sich etwas zu regen. Immer kräftiger wird es, als könnte es die Wärme deiner Hände spüren.

Du fühlt, wie es pocht, unsicher noch, zögernd.

Du ziehst die Hände zurück, und das Pochen hört auf, die Bewegung im Ei beruhigt sich. Schon ist es stumm.

Du legst die Hände um das Ei. Gleich fühlst du, wie es wieder erwacht, wie es sich wieder zu regen beginnt. Und zaghaft beginnt es wieder zu pochen.

Da bist du nun, in der Höhle mit den schimmernden Wänden, die Hände um dieses Ei geschlossen. Das Pochen wird stärker und stärker.

Stichworte: *In die Höhle neben dem Pfad – in der Mulde das Nest mit dem Ei – du umschließt es mit deinen Händen – in ihm das Pochen, stärker und stärker.*

Die Höhle ist das erste Haus des Menschen. Dieses erste Haus ist nicht von ihm errichtet, die Höhle steht für das Einrichten im anderen, Größeren, im Schoß der Erde. Sie ist deshalb geheimnisvoll und gibt doch Geborgenheit.

Das Ei ist Symbol für Ursprung und Verwandlung. Hinter der schützenden Hülle wächst etwas verborgen heran. Was da heranreift: es wird etwas sein, das zu dem gehört, der sich niederbeugt. Was wird es sein?

Immunzellen strömen

Gesundheit – Verwandlung

Geh in deinen Körper hinein, versuch überall die Ruhe und Wärme zu empfinden, das Leben, die strömende Kraft. Wende dich zuerst deinen Händen zu. Achte auf die Ruhe der Hände. Vielleicht kannst du ihre Schwere empfinden, schwer liegen sie da, ganz in der Schwere der Welt. Vielleicht spürst du auch die strömende Wärme in ihnen, die Wärme des Lebens.

Geh so nach und nach durch deinen ganzen Körper, und achte überall auf die Ruhe, die Schwere, die strömende Wärme, die Kraft. Geh überall hin, laß keinen Körperteil aus.

Im Mark der großen Knochen von Becken und Oberschenkeln wohnen, verborgen, die Stammzellen des Immunsystems. Dort wachsen sie, reifen, teilen sich, reifen weiter. Stell dir das Wachstum deiner Stammzellen vor.

Verstärke das Wachstum deiner Stammzellen. Schick ihnen Kraft und Bewegung, schick Freude und Wachstum zu deinen Stammzellen im Mark.

Beobachte, wie sich die Zellen entwickeln, und verstärke diese Entwicklung. Beobachte, wie sich die Zellen teilen, und rege die Teilung an. Beobachte, wie die Zellen reifen, und beschleunige kraftvoll die Reifung.

Die reifen Immunzellen verlassen das Knochenmark. Beobachte sie dabei, und schick ihnen Leben, Bewegung und Kraft dazu. Munter strömen sie aus dem Knochenmark in die Adern des Blutes, kreisen mit ihm durch den Körper.

Immer noch weiter entwickeln sich die Immunzellen, stellen sich ein auf ihre Aufgaben. Sie strömen aus dem Blut durch die Körpergewebe. Stell dir die Welle von Immunzellen vor, die deinen Körper durchströmt. Stell dir die Frische und Stärke vor, eine Welle kraftvollen Lebens. Verstärke die Welle, leg noch mehr Kraft und Frische hinein. Wo die Immunzellen auf Schlechtes treffen, bauen sie es ab, nehmen sie es auf in sich selbst, verwandeln es in Gutes, in Kraft. Stell dir vor, wie die Welle durch deinen Körper strömt und alles Schlechte in Gutes verwandelt.

Vielleicht helfen dir Farben dabei. Vielleicht ist das Schlechte vorher dunkel, gar schwarz, vielleicht verwandelt es sich in Helles, in eine freundliche Farbe.

Oder du findest Klänge dafür: Mißklänge, dunkle, für das Schlechte im Körper, jubelnde Harmonien für das Gesunde, Verwandelte.

Die Welle von Leben, Gesundheit und Kraft, der Strom der Immunzellen durch deinen Körper: achte einfach darauf, mach sie stark, und hilf ihnen bei der Verwandlung.

Stichworte: *Den Körper durchstreifen: Ruhe, Wärme, Kraft und Lebendigkeit – in den großen Knochen die Stammzellen des Immunsystems, sie reifen – die Immunzellen verlassen die Knochen, durchströmen den Körper, wandeln Schlechtes in Gutes – die Welle von Leben, Gesundheit und Kraft.*

Fantasiereisen können auch zur Verbesserung der Gesundheit oder zur Förderung von Wohlbefinden eingesetzt werden, wie das im oberen Stück ausgeführt ist. Sie werden dann üblicherweise als Imaginationen oder Visualisierungen bezeichnet, also als Vorstellungsübungen. Die Vorstellungen beziehen sich dabei auf reale Körpersysteme oder körperliche Abläufe wie eben das Immunsystem und die Entstehung und Reifung von Immunzellen. *Wie* dies allerdings verwirklicht wird, bleibt offen. Das kann nahe an dem bleiben, was wir über die realen Vorgänge wissen, es kann für deren Darstellung aber auch eine bildhafte oder symbolische Form gewählt werden.

So können Immunzellen tatsächlich so vorgestellt (imaginiert oder visualisiert) werden, wie sie unter einem Mikroskop erscheinen. Oder sie können in bildhafter Form als Ritter oder Müllfahrzeuge oder Fantasiezwerge verkleidet werden und in dieser Form ihrer Aufgabe nachgehen. Ob dies für das Ergebnis, die gesteigerte (oder umgeleitete oder abgeschwächte) Kraft des Immunsystems eine Rolle spielt, ist bisher nicht klar. Wahrscheinlich spielt weniger die Form der Vorstellungsbilder eine Rolle, sondern ob diese als kraftvoll und persönlich bedeutsam empfunden werden. Deshalb sollten Vorstellungsbilder am besten so gewählt werden, daß sie dem Erlebenden kraftvoll, stimmig und bedeutsam erscheinen, und nicht danach, ob sie der – vermuteten – Realität im Körper entsprechen.

Daß das Immunsystem auf psychische Vorgänge reagiert und daß es grundsätzlich möglich ist, das Immunsystem mit Vorstellungsübungen zu beeinflussen, ist in einer Vielzahl von Versuchen nachgewiesen. Über den Weg zu den besten Erfolgen wird noch gestritten. So wird sich jeder für den Weg entscheiden, der für ihn persönlich am stimmigsten scheint. Wahrscheinlich gibt es «den» besten Weg gar nicht, sondern dieser ist für jeden Menschen ein anderer, für manchen eine mehr realistische Vorstellung, für andere fantasiereichere Umsetzungen der allerdings immer gleichen Grundidee: einer Steigerung der Kraft unseres Immunsystems.

Soll eine solche Fantasiereise bei schon bestehender Krankheit eingesetzt werden, gilt es allerdings, einige Kenntnisse einzubringen. Nicht alle Krankheiten haben überhaupt etwas mit dem Immunsystem zu tun. Nur wenn ein Zusammenhang mit dem Immunsystem besteht, ist eine solche Fantasiereise sinnvoll. Viele Krankheiten bessern sich durch eine Stärkung des Immunsystems. Bei manchen aber wäre durch eine Stärkung des Immunsystems geradezu eine Verschlechterung zu erwarten. Das ist bei Autoimmunerkrankungen und Allergien der Fall.

Bei Autoimmunerkrankungen reagiert das Immunsystem fälschlicherweise auf gesunde körpereigene Zellen und greift diese an. Bei Allergien werden eigentlich harmlose körperfremde Substanzen, wie beispielsweise Pollen, übertrieben stark attackiert. Hier handelt es sich also nicht um eine zu schwache, sondern um eine zu starke bzw. fehlgeleitete Reaktion des Immunsystems. Entsprechend müssen die Vorstellungsbilder der Fantasiereise verändert werden. Das Immunsystem wird dann eben gedämpft und zur Entwicklung von Toleranz gegenüber den anderen Zellen bzw. Substanzen angeregt.

Wenn das Immunsystem bei den eigenen Gesundheitsproblemen keine oder eine unklare Rolle spielt, sollte besser eine andere Vorstellungsübung gewählt werden. Die Fantasiereise kann dann beispielsweise darin bestehen, daß der Körper von einer Woge von Kraft und Gesundheit durchflutet wird, ohne Bezug auf das Immunsystem. Oder ein Objekt wird vorgestellt – beispielsweise ein Blutkörperchen –, das langsam durch den Körper wandert und überall um sich herum Ruhe, Kraft und Gesundheit verbreitet. Das kann mit Farben unterstützt werden: Vorher ist alles farblos, das Blutkörperchen verwandelt es in ein freundliches warmes Rot.

Keime hegen

Selbsterkundung – Selbstgestaltung

Geh mit deiner Vorstellung ganz hinein in den eigenen Körper. Fühle ganz in dich selbst hinein. Vielleicht kannst du den Strom deines Blutes spüren, die Wärme, die er verbreitet, die Kraft und Ruhe, seine Lebendigkeit.

Überall Leben – und Ruhe – und Kraft.

Wandere durch deinen eigenen Körper und achte ganz auf die Kraft, auf diese Ruhe, auf die Lebendigkeit. Vielleicht fühlst du den Strom, der dich trägt.

Stell dir nun tief in dir Keime vor, Zentren vor, Felder vor, die du fördern möchtest. Die stehen für etwas, stehen für Ruhe, Ausgeglichenheit, Tatkraft, Zuversicht, Lebensfreude, Heiterkeit oder etwas anderes in dieser Art. Die stehen für etwas, das du gut findest, von dem du mehr haben willst. Stell dir vor, wie die Keime oder Felder in deiner Tiefe verborgen liegen. Nimm etwas davon, eines, und stell dir vor, wie es wächst. Laß es wachsen, sich ausbreiten, laß es groß werden und dich völlig durchdringen.

Stell dir vor, wie der Keim oder das Feld wächst, genau so, wie du es willst. Stell dir vor, wie es sich ausbreitet und alles um sich herum verwandelt. Stell dir die Kraft und die Ruhe vor, mit der das geschieht – und auch die Freude. Laß dich völlig durchdrungen sein von der Freude dieser Verwandlung.

Stichworte: *Durch den eigenen Körper wandern: die Kraft, die Ruhe und Lebendigkeit – Keime entwickeln, für das, was du willst – die Keime wachsen, breiten sich aus.*

Der erste Teil der Fantasiereise ist eine Einfühlung in den Körper. Die Achtsamkeit wird auf das strömende Leben gerichtet, auf seine Ruhe und Kraft.

Im zweiten Teil geht es auf dieser Grundlage um die Förderung guter Eigenschaften in sich selbst. Eine Eigenschaft – beispielsweise die im Text genannten Ruhe, Ausgeglichenheit, Tatkraft, Zuversicht, Lebensfreude, Heiterkeit – wird als Keim vorgestellt. Wie eine kleine Kastanie zu einem großen Baum werden kann, so wird nun das Wachstum des Keimes der gewählten Eigenschaft beobachtet und unterstützt. Alles ist ganz durchdrungen vom Wachstum, von der Kraft, von der Freude, die die Verwandlung begleiten.

Farbvorstellungen (oder Vorstellungen von Tönen, Melodien) können das Wachstum unterstützen. Die Farben (oder Melodien) entwickeln sich langsam, vom Dunklen oder Blassen ins Helle, Starke.

Dies ist eine Fantasiereise, die beliebig oft und lang durchgeführt werden kann. Regelmäßigkeit ist für sie besonders günstig. So läßt sie sich beispielsweise immer vor dem Einschlafen durchführen.

Welle der Zeit

Ruhebild – Veränderungserleben – Perspektivenwechsel

Es regnet leicht. Du sitzt unter einem schützenden Baum und schaust hinaus auf den See. Wie Striche treiben die Tropfen durch den Himmel und treffen auf die feste Glätte des Wassers. Sie schlagen hinein in den See.

Das Geräusch der fallenden Tropfen auf Wasser, auf Wiesen rund um den See und über dir auf den Blättern. Die Vögel sind wie hinter einem Vorhang aus Klängen verschwunden. Du schmeckst die Frische der Luft.

Dein Atem geht tiefer. Du schließt die Augen und folgst ein Weilchen dem Atem; um dich die fallenden Tropfen, die Frische und Klarheit.

Stell dir einen der Tropfen vor, wie er hineinklatscht in den Spiegel des Sees.

Die Wucht seines Einschlags.

Aus dem Krater wächst wieder Wasser hinauf, springt noch über die Oberfläche des Spiegels, geht dann wieder zurück, beruhigt sich langsam.

Eine Welle breitet sich aus, läuft schnell rings um die Einschlagstelle ins Offene, flacht langsam ab.

Hinter sich her zieht die Welle ein Tal. Je mehr die Welle abflacht, steigt es langsam hinauf.

Hier und da trifft die Welle auf Wellen anderer Tropfen, geht sie hinauf und hinunter.

Unmerklich gehen Welle und Tal in eines zusammen, gleichen sich aus in den Spiegel des Sees.

Stell dir den Einschlag eines weiteren Tropfens vor – langsam wie in Zeitlupe.

Wieder der Aufprall, der Krater, das Wasser spritzt hoch. Die Welle breitet sich aus, hinter sich zieht sie das Tal. Die Begegnung mit anderen Wellen. Das unmerkliche Auslaufen von Welle und Tal.

Und nochmal ein Tropfen, noch sehr viel langsamer.

Es ist nun kein Aufprall mehr, sondern Tropfen und See verschmelzen. Du siehst, wie sie sich aneinander schmiegen, sich zueinander öffnen, wie sie ineinander vergehen.

Ganz langsam das Verschmelzen von Tropfen und See. Die Zeit verläuft klar und bewußt.

Die Bewegung des Tropfens drückt eine Mulde in den See. Die Gegenbewegung des Sees schickt einen Berg in den Himmel, der gleich wieder zurücksinkt.

Eine Welle steigt hoch und geht langsam nach außen, das Wellental folgt.

Die Welle richtet sich ganz nach dem See. Hier und da trifft sie auf andere Wellen. Sie gehen ineinander, sie gehen durcheinander hindurch.

In allem das klare, deutlich-bewußte Vergehen der Zeit.

Stichworte: *Sitzen am See, im Regen unter dem schützenden Baum – einen Tropfen verfolgen: sein Einschlag in* *den See, Krater, hochschwappendes Wasser, die Welle, das Verlaufen der Welle – weitere Tropfen beobachten, sehr langsam – bewußtes Vergehen der Zeit.*

Die Fantasiereise beginnt mit einem Ruhebild: Regen fällt in den See. Dann folgt eine Betrachtung: das Eintauchen eines Regentropfens in das Wasser des Sees, mehrmals, zunehmend langsamer. Aus dem Einschlag des Tropfens wird ein Verschmelzen, aus Aktion und Reaktion ein Miteinander – das immer schon vorhanden ist, aber erst in der Verlangsamung sich zeigen kann.

Die Verlangsamung in der Fantasiereise und die Veränderung des Erlebens in ihr können anregen, andere Verlangsamungen in der Wirklichkeit zu versuchen. Betont langsames Gehen, langsames Wenden des Blicks, langsames Handeln: das sind meditative Übungen, mit denen sich Einblicke in die Hintergründe unserer Realität gewinnen lassen und die diese Realität umgestalten können.

Wind

Ruhebild – Verwandlung – Sich öffnen

Stell dir vor, Wind zu sein.

Zunächst ist da nur ein Luftzug. Er wirbelt Papier, verblättert die Seiten eines offenen Buches.

Er fährt durch die Tür, sie fällt hinter ihm zu.

Wind bläst eine Treppe hinauf, streicht durch die Zimmer.

Eine Kerze brennt. Wind bläst durch die Flamme, bringt sie zum Flackern, zum Tanzen. Wind tanzt die Flamme. Wind sucht einen Weg ins Freie. Gardinen flattern, dann schlüpft Wind durch den offenen Fensterspalt.

Wind bläst die Straße hinunter, läßt hier und da kleine Staubwirbel entstehen. Eine Blechdose rollt an den Straßenrand. Papierschnipsel treiben ein Stück über den Asphalt, bleiben dann liegen. Eine Flaumfeder wirbelt auf in den Himmel.

Wind folgt der Feder. Die Feder treibt in einen Baum. Die Blätter des Baumes rascheln, Äste biegen sich, knarren. Wind streicht durch die Krone hindurch.

Irgendwie ist die Feder verschwunden. Wind fliegt höher, auf der Suche nach ihr. Der offene Raum ist etwas ganz Neues. Wind wird hier stärker – und ruhiger – und tiefer. Hier und da schwingt sich ein Vogel hindurch, sonst sind da nur Düfte und Weite.

Die Weite ist innen und außen, oben und unten. Innen und außen sind eins geworden.

Wind fliegt einfach nur so dahin, im langen Atem. Seine Bewegung ist das Vorübergleiten der Welt unter ihm.

Wind geht noch höher und trifft auf die Wolken.

Langsam treiben die Wolken über der Erde.

Die Wolken zeigen die Tiefe des Raums – und seine Weite.

Dauernd verändern sie sich – und bleiben in der Veränderung gleich.

Wind ist der Himmel geworden, in dem die Wolken treiben. Die Weite, die Kraft – und diese Leichtigkeit.

Licht steht überwältigend durch den Himmel. Es ist wie ein Meer. Weiße Wolken segeln hindurch.

Der Klang des Lichts und die Stimmen der Wolken.

Wind ist die Bewegung des Himmels, unter sich die träumende Erde.

Die Klarheit des Himmels, seine Ruhe und Kraft.

Die Sicherheit der wandernden Wolken.

Wind ist die Weite der Welt.

Stichworte: *Wind sein: erst ein Luftzug im Haus – Wind treibt sein Spiel auf der Straße – Wind folgt der Feder in den Himmel – Wind geht im offenen Himmel – Wind mit den Wolken, die Weite der Welt.*

Wind ist Bewegung schlechthin. Bewegung hat hier keinen Träger wie etwa das Wasser beim Strömen des Waldbachs oder der Zug bei einer Zugfahrt – jedenfalls keinen, den wir ohne weiteres erkennen könnten.

Wind

Die Bewegung beginnt im Zimmer und geht dann hinaus ins Freie. Sie weitet sich aus. Mit den Wolken trifft sie auf etwas, das sich bewegt und verändert, aber in seiner Verwandlung etwas Unwandelbares enthält. Mit dem Licht, das zu stehen scheint, sich aber ungeheuer schnell bewegt, ist die Bewegung wie eine tiefe Ruhe. Im Himmel ist beides dasselbe geworden, es gibt keinen Widerspruch mehr zwischen Bewegung und Ruhe, steter Veränderung und unwandelbarem Sein.

Über der Welt, in der Welt

Veränderungserleben – Selbsterkundung – Problemlösung

Ein Land in der Welt. Du schwebst hoch droben, hoch über allem. Städte erscheinen dir kaum größer als Punkte, weite Wälder sind grüne Kleckse, hier und da kannst du einen Flußlauf erahnen. Du beobachtest und achtest dabei auf deine Gefühle.

Die Sonne geht auf, über den Bergen am Horizont. Sie zieht ihre Bahn hinein in den Himmel, still-brausend. Das Land scheint sich kaum zu verändern. Vielleicht kannst du schwach ansteigenden Lärm hören, aber es ist zu weit weg, um sicher zu sein. Das Land liegt einfach im Licht.

Die Sonne sinkt langsam. Bald glüht sie rot am Horizont und versinkt. Hier und da erscheinen nun Lichter auf dem Land unter dir.

Die Nacht wird tiefer und tiefer. Eins nach dem anderen verlöschen die Lichter.

Es dämmert. Die Sonne steigt über die Berge. Du schwebst nun tiefer über das Land, direkt über eine kleine Stadt, die überblickst du jetzt ganz. Du beobachtest und achtest dabei auf deine Gefühle.

Du hörst den Lärm des beginnenden Morgenverkehrs. Die leeren Straßen beleben sich. Im Lauf der Sonne achtest du auf die Geräusche der Stadt und auf den Fluß der Bewegungen. Einzelheiten kannst du noch keine erkennen.

Am Abend gehen die Lichter an. Mit zunehmender Dämmerung werden es mehr und mehr. Die Stadt erstrahlt wie von Edelsteinen.

Die Nacht wird tiefer und tiefer. Die meisten Lichter verlöschen. Straßenlaternen zeigen die Dunkelheit. Es ist ganz still.

Unmerklich hat die Morgendämmerung begonnen. Du schwebst dicht über einem Stadtteil. Du lauschst den Jubelliedern der Amseln. Du beobachtest und achtest dabei auf deine Gefühle.

In einem Haus geht das Licht an. Du hörst kleine Geräusche. Die Toilettenspülung rauscht. Stimmen reden miteinander. Die Haustür fällt ins Schloß. Das Geräusch einer sich öffnenden Garagentür. Ein Auto startet und fährt davon. Nach einer Weile klingelt es. Die Haustür fällt wieder ins Schloß. Zwei Kinder mit Ranzen gehen nebeneinander den Weg. Die Amseln sind verstummt. Im Haus klirrt etwas.

Du beobachtest dieses und jenes, und langsam versinkt der Tag in der Nacht. Lichter erglühen. Fernseher zaubern blaues, schnell wechselndes Licht. Du hörst hier und da einen Gleichklang zwischen den Häusern, hier und da sind die Programme verschieden.

Immer mehr Geräusche verstummen, Lichter verlöschen. Dann sind da nur noch die Straßenlaternen und über dir die ziehenden Sterne.

Ein weiteres Mal dämmert der Morgen. Du bist erst ganz

hoch droben, wie beim ersten Mal weit über der Welt. Doch diesmal schwebst du im Sonnenlauf immer näher. Du siehst die Welt erst mit weitem Abstand, dann aus mittlerem, dann nahe. Du beobachtest alles, was du aus dem jeweiligen Abstand beobachten kannst. Und du achtest dabei auf deine Gefühle. Du achtest darauf, wie sie sich mit dem Abstand verändern.

Stichworte: *Über der Welt schweben, den Sonnenlauf schauen – erst von weitem, mit jedem Beobachtungstag ein Stück näher – auf die eignen Gefühle achten, wie sie in der Weite und der Nähe sich ändern.*

Eine Gestalt des Ganzen nehmen wir erst wahr, wenn wir weit genug davon entfernt sind, wenn wir es als Ganzes überschauen. Sind wir aber weit weg, entgehen uns Einzelheiten.

Die Entfernung ist auch ein Maß für unser Einbezogensein in das Wahrgenommene, für unsere Verwicklung mit ihm. Weit weg stehen wir über den Dingen. Sie berühren uns wenig. Gehen wir näher heran, festigt sich unsere emotionale Bindung an sie.

Weit über der Welt, die Welt als Ganzes betrachtend, stehen wir wie die Sonne hoch über Gut und Böse. Wir sehen es nicht, es hat im Ganzen keine Bedeutung. Rücken wir näher, sehen wir zunehmend Einzelheiten, dann beginnen wir zu werten, dies gut, jenes weniger gut zu finden; wir schreiben Bedeutung zu, unsere innere Beteiligung an und unsere eigene Verstrickung mit den Dingen und Ereignissen wächst.

Die Fantasiereise bietet eine Möglichkeit, darauf zu

achten, wie sich die Gefühle mit diesem unterschiedlichen Abstand verändern. Sie zeigt, daß die Variation des Abstands Einfluß nimmt auf die eigenen Gefühle den Dingen und Ereignissen gegenüber, auf die eigene Verstrickung mit diesen Dingen und Ereignissen.

Das läßt sich im Alltag nutzen durch eine bewußte Distanzierung von belastenden Situationen. In manchen Situationen müssen wir vielleicht ganz «drin» sein, bei anderen, wahrscheinlich den meisten, schadet das eher, und ein größerer Abstand wäre besser. Die Fantasiereise kann uns das zeigen und bietet uns die Möglichkeit, es einzuüben.

Die «nahen» Geschehnisse der Fantasiereise können dazu noch viel drastischer ausgestaltet werden als im oberen Text. Wir lassen irgend etwas Dramatisches geschehen – einmal etwas sehr Schönes (eine Liebesbeziehung vielleicht), dann etwas sehr Schlechtes (vielleicht einen Überfall) – und betrachten es aus ganz unterschiedlichem Abstand. Oder Situationen des eigenen Lebens können aus solch verschiedenen Abständen betrachtet werden, und es wird geschaut, wie sie sich dabei verändern.

Gefühle

Selbsterkundung – Verwandlung – Selbstgestaltung

1

Du gehst im Garten den Weg. Neben dir geht jemand, den du kennst und den du sehr magst. Ihr unterhaltet euch leise. Ihr redet über vertraute Dinge, die euch beide verbinden.

Laß das Gespräch einfach so dahinfließen, ohne weiter auf den Inhalt zu achten. Achte auf deine Gefühle.

Achte auf Bewegungen und kleine Gesten des anderen, vielleicht auf Lachen, auf den Schritt, das Mienenspiel, die Melodie seiner Sprache, auf Blicke zu dir. Achte darauf, was für Gefühle sie in dir bewirken.

Achte bei den Gefühlen auf Qualitäten wie hell und dunkel, warm und kühl, laut und leise, langsam und schnell, eng und weit, fern und nahe, zugewandt und abgewandt, angespannt und entspannt. Vielleicht findest du noch andere. Vielleicht bieten sich dir Farben an oder Töne, vielleicht eine bestimmte Musik, vielleicht auch Gerüche.

Achte auf die Landschaft um euch. Sie ist ganz wie die Gefühle, die du hast. Achte auf Wasser, Berge, Wald. Achte auf Wiesen, auf Blumen, auf Sonne und Wind, auf die Wolken am Himmel und ihre Bewegung. Achte auf alle Geräusche und alle Gerüche. Achte auch auf den Weg, den ihr geht.

Der Mensch neben dir verwandelt sich langsam. Stell dir vor, wie er langsam, mit jedem Schritt etwas mehr, zu jemand anderem wird. Er wird zu jemand, den du kennst und nicht magst, den du vielleicht sogar haßt. Stell dir die langsame Verwandlung vor. Stell sie dir vor beim Körper des anderen, bei seiner Stimme, bei den Bewegungen und Gesten, bei seinem Mienenspiel. Achte darauf, wie sich deine Gefühle dabei verändern.

Achte bei den Gefühlen wieder auf Qualitäten wie hell und dunkel, warm und kühl, laut und leise, langsam und schnell, eng und weit, fern und nahe, zugewandt und abgewandt, angespannt und entspannt. Vielleicht verbinden sich mit der Veränderung für dich auch Farben, Töne, Gerüche.

Schau auf die Landschaft um euch. Auch sie hat sich vielleicht verändert. Achte auf die Art der Landschaft, auf Wasser, Berge und Wald. Achte auf Wiesen und Blumen, Sonne und Wind, auf die Bewegung der Wolken. Achte auf Geräusche und alle Gerüche. Achte auch auf den Weg.

Versuch, die Veränderung ganz zu fassen, die Veränderung im anderen, die Veränderung in dir, die Veränderung in der Welt um euch. Versuch zu fassen, wie deine eigene Stimme sich ändert, dein eigener Schritt, deine Gestik, deine Zuwendung zum anderen.

Stichworte: *Gehen auf dem Gartenweg, mit jemandem, den du kennst und magst – den andern beobachten – die eignen Gefühle – die Landschaft um euch – der andere* *verändert sich in jemanden, den du nicht magst – Veränderungen beobachten bei ihm – bei den eignen Gefühlen – in der Landschaft.*

So gut wie nichts von unserem Verhalten ist ausschließlich rational bestimmt. Fast alles, was wir tun, wird wesentlich durch nicht bewußte Vorstellungen und Gefühle beeinflußt. In dieser Fantasiereise geht es deshalb um die Sensibilisierung für Gefühle, um ihre Bedingtheit und ihre Wandelbarkeit.

Gefühle bewerten alles, was wir wahrnehmen und erleben. Sie bringen uns in ein Verhältnis zur umgebenden Welt und sorgen für unsere Motivation. Wenn wir etwas fürchten, werden wir uns von ihm eher fernhalten oder uns nur vorsichtig nähern oder in eine Abwehrhaltung gehen. Je mehr wir uns fürchten, um so größer wird unser Bestreben nach Abstand oder Abwehr sein. Wenn wir etwas mögen, baut dies ein Verlangen auf, uns ihm zu nähern.

Gefühle greifen schon in unsere erste Wahrnehmung ein, lange bevor wir uns einer Sache bewußt werden. Bilder werden wahrgenommen, mit Erinnerungen verglichen und durch unsere Gefühle getönt, je nachdem, was die Erinnerungen erwarten lassen, Gutes oder Schlechtes, Langweiliges oder Interessantes. Nur Neues und Interessantes wird von unserer Wahrnehmung überhaupt weiterverarbeitet.

Und zu seiner Kennzeichnung, Heraushebung aus dem Meer all der flüchtigen Eindrücke dienen eben die Gefühle. Gefühle sind deshalb grundlegend selbst für unsere Wahrnehmung. Je nachdem, was unsere Gefühle uns sagen, wenden wir uns von etwas ab oder etwas zu, beschäftigen wir uns näher damit oder nicht.

Aber das heißt nicht, daß das, was sie tun, immer richtig ist. Gefühle sind eine erste Vermutung über das, was zu erwarten ist. Sie sorgen für eine erste grobe Einstellung den Geschehnissen gegenüber. Das ist sehr wichtig. Es legt uns aber oft fest. Unser erster Eindruck über Menschen oder Dinge hat ein sehr starkes Verharrungsvermögen. Doch dieser erste Eindruck kann trügen. Deshalb kann es wichtig sein, den Einfluß der Gefühle auf unsere Wahrnehmung bewußtzumachen, zu sehen, wie Gefühle unsere Wahrnehmung verändern. Was wir bewußt machen, lernen wir verstehen. Was wir verstehen, können wir auch verändern, wenn wir das wollen. Wir sind ihm nicht mehr einfach nur ausgeliefert.

Im folgenden zweiten Teil der Fantasiereise geht es um diese Veränderung.

2

Im Garten der Weg, ein langsames Gehen. Über dir freundlich der Himmel, die Sonne, ziehende Wolken. Unter dir die sichere Erde. Ringsum singen Vögel. Wind rauscht in Bäumen. Du fühlst dich offen und frei.

Neben dir geht jemand, den du eigentlich nicht magst. Aber die Sonne scheint so angenehm warm, alles ist freundlich und schön, und du spürst, wie sich das ausbreitet auf dich, wie es besänftigt.

Du unterhältst dich mit der anderen Person, leise, die Worte sind unwichtig, nur ein leises Gespräch. Du spürst einen offenen Gleichmut in dir. Du spürst, wie sich die Abneigung verändert, wie sie sich glättet.

Die Welt ist hell. Du spürst eine Helligkeit auch zwischen dir und dem anderen.

Die Welt ist warm. Du spürst eine Wärme auch zwischen dir und dem anderen.

Die Welt ist offen und freundlich. Du spürst eine Offenheit, spürst eine Freundlichkeit auch zwischen dir und dem anderen.

Ihr geht an einem Fluß. Das Wasser strömt einfach dahin durch das Land, ohne einen Unterschied zu machen, ohne einzuteilen in Gut oder Schlecht.

Ihr geht an einem See. Das Wasser liegt einfach nur da, eine glatte Fläche, alles ist eines, keine Unterteilung in Gut oder Schlecht.

Stichworte: *Den Gartenweg gehen, mit jemandem, den du nicht magst – die Umgebung ist freundlich, entspannend – das Gespräch ist gleichmütig freundlich – deine Abneigung legt sich – am fließenden Wasser, am glatten See.*

Wir verändern die Begleitumstände einer unangenehmen Situation und lauschen darauf, wie die Gefühle sich dabei verändern. Die Fantasiereise bietet einen geschützten Raum, wo dies ohne weiteres versucht werden kann. Vielleicht ändert schon dies etwas an entsprechenden Situationen im Alltag. Es läßt sich mit einiger Erfahrung dann auch aktiv im Alltag versuchen.

Aufbrüche

Verwandlung

Stell dir vor, du gehst den Weg im Garten, hinein in unbekannte Weite, um neu zu beginnen. Stell dir den Augenblick vor, den Schritt des Fusses auf deinem Weg – und die Weite und Offenheit vor dir.

Die Sonne leuchtet über dem Horizont. Noch ist sie blaß und schwach, doch je höher sie steigt, um so stärker und heller wird sie. Stell dir die Stärke und Helligkeit vor, ihr Wachsen und die freudige Kraft der Veränderung.

Blütenbäume am Wegrand. Die Blüten öffnen sich dem Licht. Ein Wind läßt die Zweige tanzen, nieder und hoch. Du riechst den Blütenduft. Der Blütenduft strömt in die offene Welt.

Stell dir vor, wie dein Herz sich öffnet, in diesen Himmel, im Licht der Sonne, in den Morgen des Lichts.

Schwalben schwärmen über den Himmel. Ihre hohen Schreie öffnen den Himmel. Sie sind zurückgekehrt aus dem Süden, in der Heimat neu zu beginnen.

Es gibt keinen Anfang. Alles strömt hin, in jedem Augenblick wandelt das Alte sich. In jedem Augenblick löst das Alte sich auf, wenn du es läßt. In jedem Augenblick beginnt alles neu.

Wenn du den Fuß regst, veränderst du dich.

Wenn er singt, verändert der Vogel sich.

In ihrem Flug wandeln die Wolken sich.
Mit jeder Bewegung wandelt der Bach sich.
Dein Herz verändert dich, im Rhythmus seines endlosen Schlags.

Stichworte: *Den Gartenweg gehen, Weite und Offenheit vor dir – steigende Sonne am Morgen – sich öffnende Blüten, Blütenduft strömt in die Welt – Schwalben, zurückgekehrt aus dem Süden – Verwandlung in allem, was ist.*

Aufbrüche kann zu vielen Gelegenheiten hilfreich sein: Es soll einstimmen und Mut machen, Neues zu erleben und das Erleben als fortwährend neu zu begreifen. Der Vogel, der Schmetterling, sie bewegen sich unbefangen frei in der Welt. Alles ist offen nach allen Seiten, sie sind eingerichtet in dieser ganzen Welt. Jeder Moment zieht einen weiteren nach sich; es ist ein endloser Fluß, ohne Brüche, denn die Veränderung ist immer da.

Wir Menschen dagegen haben uns fest eingerichtet in einem Winkel der Welt. Wir haben den Winkel angenehm und freundlich für uns gestaltet, angenehmer und freundlicher, als die ganze Welt für uns sein könnte. Wir haben uns daran gewöhnt, und es steht uns nicht mehr frei, so zu sein wie Vögel oder Schmetterlinge; es wäre für uns ein schlimmer Verlust.

Die Wände unseres Winkels sind fest, und sie werden mit den Jahren immer fester – oder erscheinen uns wenigstens so. Manchmal können sie so starr werden, daß sie uns mehr einengen, als daß sie uns Freiräume sichern, daß sie, die wir einst formten (oder andere Menschen für uns), nun umgekehrt uns formen, verformen. Wenn das zu extrem wird, muß es zu schmerzhaften Brüchen kommen. Kleine Veränderungen vorher, Anpassungen unseres Wohnens in der Welt an das, was wir nun sind, können uns das ersparen, und sie führen zu einem freieren Lebensgefühl.

Die Fantasiereise kann solche Veränderungen nicht ersetzen, aber sie kann darauf einstimmen, Mut dazu machen und einen Perspektivenwechsel bewirken, nicht mehr nur die Wände zu sehen, sondern die Fenster, die Türen, die offene Welt und unsere Möglichkeiten in ihr.

Veränderung ist eigentlich immer da, im Kleinen zumindest, in jedem Atemzug, in jedem Schlag unseres Herzens. Dies zu vergegenwärtigen kann helfen, auch größere Veränderungen, als sie ein Atemzug leistet, gelassener, selbstverständlicher vorzustellen und schließlich zu leben.

Bibliothek

Selbsterkundung – Perspektivenwechsel

Auf dem Hügel im Garten steht ein altes Gebäude. Es sieht eindrucksvoll aus. Du steigst die Treppen hoch und öffnest die mächtige Tür. Hinter dir gleitet sie sanft wieder ins Schloß. Innen ist das Gebäude viel größer, als es von außen schien. In weiten Sälen stehen Regale. Du trittst näher und schaust sie dir an.

Bücher: in allen Größen, alte und neue, in mancherlei Sprachen, kostbar gebunden oder einfach kopiert. Handschriftenrollen aus wertvollem Pergament. In Nischen stehen Computer; du erkennst auf den Bildschirmen Datenbänke.

In der Bibliothek ruht das Wissen der Welt. Alle Bücher der Erde sind hier zu Hause. Menschen gehen durch die Gänge, langsam, versonnen, sie beachten dich nicht. Auch du gehst langsam umher, erkundest die Bibliothek.

Ein Buch hast du frei, du kannst es dir aussuchen und mitnehmen, aus welchem Bereich es auch immer stammt. Es mag ein Roman sein oder ein Fachbuch, ein religiöses Buch, ein Gedichtband, ein Buch des Lebens oder etwas ganz anderes, was immer du willst und noch nicht kennst. Du gehst umher und suchst dir dein Buch.

Viele Bücher ziehst du aus den Regalen und schaust sie

dir an, stellst sie dann wieder zurück. Handschriften ziehst du hervor, bläst Staub und schlägst sie auf. Du tippst in die Computer und läßt dir zeigen, was es gibt.

Schließlich findest du dein Buch.

Du blätterst langsam darin, liest hier und da einen Absatz. Vielleicht sind auch Bilder darin. Du schlägst dein Buch zu und behältst es. Du gehst mit ihm zum Ausgang der Bibliothek. Noch einmal drehst du dich um und läßt deine Blicke schweifen, über all das Wissen der Welt. Dann gehst du hinaus.

Im Garten suchst du dir einen schönen Platz, vielleicht im Gras unter einem Baum, vielleicht auf einer Bank am Wegrand, vielleicht am Wasser, vielleicht im Gartenhäuschen. Du setzt dich und schaust auf den Garten um dich. Du achtest auf Blumen und Bäume, auf Büsche und Gras. Auf dem Hügel siehst du die Bibliothek. Von hier sieht sie klein aus und unbedeutend. Du lauschst den Liedern der Vögel.

Du spürst die Ruhe in dir – und die Kraft. Du spürst die lebendige Stille. Du achtest ganz auf diese Kraft in dir und versuchst, mit ihr eins zu werden, mit ihr ganz zu verschmelzen.

Dann schlägst du dein Buch auf. Du blätterst darin. Alle Seiten sind leer, da ist nur reines, unberührtes Weiß.

Neben dir liegt ein Stift. Du nimmst ihn auf und beginnst in dein Buch zu schreiben oder zu malen. So füllst du eine Seite. Dann schlägst du um und beginnst mit der nächsten.

Stichworte: *In der Bibliothek das Wissen der Welt – du gehst umher und suchst dein Buch – im Garten sitzen, Blu-*

men und Bäume, die Vogellieder – dein Buch aufschlagen: die Seiten sind leer – du beginnst die Seiten zu füllen.

Was interessiert mich eigentlich? Worauf kommt es mir an? Die Suche nach dem Buch in der Weltbibliothek kann bei dieser Frage helfen. Natürlich geht es nicht um ein real existierendes Buch, etwa darum, das eigene Lieblingsbuch zu bestimmen. Es geht um die Thematik. Was ist ein wichtiges Thema meines Lebens oder sollte oder könnte es sein?

Die Suche in der Bibliothek kann helfen, sich über diese Frage klarer zu werden. Mehr, als die Beschäftigung mit einem eigenen Thema anstossen, kann aber selbst das beste Buch nicht. Nicht in der Bibliothek, sondern im Garten, in der offenen Natur findet deshalb die Fortsetzung statt. Sie ist keine bloß aufnehmende, passive, sie ist aktiv, symbolisch hier dargestellt durch das Schreiben.

Alle Bücher sind eigentlich leer. Jemand hat einen Sinn hineingedacht, doch der findet sich nicht einfach in den Zeichen, die er auf das Papier schrieb. «Meer» – diese Zeichen erhalten eine Bedeutung erst durch gleichartige (oder ungefähr gleichartige) Vorstellungen, Vorstellungsbilder beim Schreibenden und beim Aufnehmenden. Der Aufnehmende erfährt den Sinn des Wortes nicht durch das Wort selbst, sondern durch die eigenen Erfahrungen, die er mit diesem gelesenen Wort verbindet. Wenn diese ungefähr mit denen des Schreibenden übereinstimmen, ist eine Verständigung möglich. Sonst nicht.

Die eigenen Erfahrungen sind also wichtig, ohne diese machen die Erfahrungen anderer für uns gar keinen Sinn oder einen verkehrten. Unsere Gesellschaft aber ist gerade damit sehr indirekt geworden. Unangemessen viel von dem, was wir aufnehmen, entstammt keiner eigenen Erfahrung, sondern der Erfahrung anderer, in Film, Musik, «Nachrichten» und anderen Gerüchten. Der Wetterbericht versucht manchmal fast schon, an die Stelle des Wetters zu treten. Wir glauben, daß in der Welt alles so passiert, wie die Perspektive anderer Beobachter es uns zeigt. Deshalb ist der Gang in den Garten so notwendig, die eigene Erfahrung – in der Fantasiereise, mehr aber noch im eigenen Leben.

Die Brücke

Selbsterkundung – Verwandlung

Im Garten steht eine Brücke, sie überspannt einen Graben. Es ist die Brücke der Begegnung, die Brücke des halben Wegs. Betrachte die Brücke, ihre Form, ihren Bau, ihre Stabilität und Haltbarkeit, ihre Ästhetik.

Du siehst jemanden auf der anderen Seite der Brücke stehen. Du erkennst, es ist jemand, von dem dich Meinungsverschiedenheiten trennen, dem gegenüber du Vorbehalte hast, der dich stört oder ärgert, den du vielleicht haßt.

Die Person jenseits der Brücke zu sehen, jenseits der Brücke der Begegnung, verändert dein Gefühl irgendwie. Vielleicht spürst du, wie du dich selber verschließt. Oder es macht dich neugierig, offen, bereit. Du achtest auf deine Gefühle.

Du achtest auf deinen Atem, fühlst sein gleichförmiges Strömen.

Du setzt einen ersten Schritt. Du setzt Schritt vor Schritt. So gehst du langsam bis zur Mitte der Brücke.

Die andere Person zögert erst. Aber als sie dich immer weitergehen sieht, beginnt auch sie auf dich zuzugehen, und ihr trefft einander in der Mitte der Brücke.

Du betrachtest die andere Person und siehst, die andere Person betrachtet dich.

Ihr sprecht nicht, betrachtet einander nur.

Du siehst vielleicht all die Unterschiede zwischen euch weiter bestehen. Aber irgend etwas ist anders als vorher, irgendwo seid ihr zusammen. Da ist etwas, das euch verbindet, hier auf der Brücke. Und du fragst dich, was das denn sei.

Ihr steht lange da, in der Mitte der Brücke. Ihr seht euch nur an. Du weißt um die Trennung, und du spürst dieses Gefühl einer Verbundenheit.

Stichworte: *Eine Brücke über den Graben – jemand auf der anderen Seite der Brücke, den du kennst – du trittst auf die Brücke, auf den anderen zu – der andere tritt auf die Brücke – ihr trefft euch in der Mitte der Brücke, betrachtet einander: das Trennende, das Verbindende.*

Wenn zwei sich auf einer Brücke zur Hälfte entgegenkommen, was bedeutet das eigentlich? In dem Moment sieht jeder der beiden ein Stück von seiner eigenen Person und Position ab. Das Schwergewicht wird nicht auf die Person, sondern auf das gelegt, was zwischen ihnen ist, in der Fantasiereise eben die Brücke. Es ist eine Verlagerung der Betrachtung von den Personen auf die Beziehung zwischen den Personen. Um das zu erleichtern, kann eine vorübergehende Identifikation mit der anderen Person hilfreich sein. Denn oft sind wir viel zu sehr auf uns selbst fixiert und sehen andere Personen in ihrer eigenen Art kaum, und noch weniger Beziehungen oder gar Dinge.

Wenn beide noch an ihrem jeweiligen Ende der Brücke stehen, kann für eine solche Identifikation auch gewechselt werden. Zunächst wird die andere Person genau betrachtet – und dann betrachtet man sich selbst, aus den Augen dieser anderen Person. Man wird – für eine begrenzte Zeit – ganz dieser andere Mensch, mit seinen Augen als den eigenen Augen, mit seinen Körperempfindungen und Wahrnehmungen als den eigenen. Auch die Einstellungen zur Welt *und zu diesem Menschen auf der jetzt anderen Brückenseite* verändern sich entsprechend. Und dann wird gewechselt, wieder ins eigene Ich auf der anderen Seite.

Wir bauen die Welt um uns auf, von uns aus, auf uns bezogen. Wir belegen die Dinge und Menschen nach unseren Wertschätzungen mit Marken wie «gut» und «schlecht» oder «böse», wie «schön» oder «häßlich», wie «nutzlos» oder «wertvoll». Solche Marken sagen mehr über uns selbst aus als über den anderen. Sie sind sinnvoll – aber nicht wahr, nützlich – aber nicht gerecht. Niemand wird auf solche Zuschreibungen verzichten wollen (oder auch nur können). Sie sind eines der wichtigsten Hilfsmittel, uns in der Welt zurechtzufinden. Aber wenn sich zeigt, daß eine solche Zuschreibung schadet statt nützt, dann sollte sie einfach geändert werden. «Wahr» ist sie nie, weder vorher noch nachher. Sie kann nur angemessen und hilfreich sein – oder eben nicht.

Gerade bei Konflikten mit anderen Menschen stellt sich immer die Frage nach dem Einfluß solcher Zuschreibungen. Und fast immer sind sie nicht hilfreich. Fast immer sind Zuschreibungen, die eher das Gemeinsame oder das Verbindende betonen, besser als solche, die auf dem Trennenden, Gegensätzlichen bestehen.

Das Symbol der Brücke ist vielseitig verwendbar. Es kann

auch für sich selbst erlebt werden, ohne eine andere Person auf der Gegenseite, einfach als Brücke an ein anderes Ufer oder in einen wogenden Nebel hinein. Es wird dann eine Möglichkeit zur Auseinandersetzung mit der eigenen Zukunft, mit Befürchtungen, mit Wünschen und Hoffnungen.

Tür

Verwandlung – Selbsterkundung – Selbstgestaltung

Auf der Wiese steht eine Tür. Da sind keine Wände, da ist nur ein Türrahmen.

Du gehst über die Wiese zur Tür.

Du öffnest die Tür.

Hinter ihr wogen Nebelschleier.

Du streckst eine Hand durch die Tür.

Die Nebelschleier wirbeln, hier und da tauchen Schemen hinter ihnen auf. Die Schemen verändern sich, so, wie du die Hand bewegst. Du läßt deine Hand Figuren beschreiben und betrachtest die sich entsprechend wandelnden Schemen.

Du ziehst die Hand zurück, und die Wirbel beruhigen sich. Bald wogt der Nebel wieder undurchdringlich wie zuvor.

Du achtest auf deinen Atem, spürst seine Kraft und Gleichmäßigkeit, spürst seinen lebendigen Rhythmus, spürst seine Ruhe.

Die Nebelschleier wogen undurchdringlich zwischen den Seiten der Tür.

Du trittst mit einem Fuß über die Schwelle.

Die Schleier wirbeln in rasendem Tanz. Hier und da meinst du Dinge erkennen zu können. Die Dinge verändern sich mit jeder Bewegung, die du machst, sie verändern sich mit deinem Atem.

Du trittst ganz durch die Tür.

Die Schleier verschwinden.

Auch die Wiese und der Garten sind verschwunden. Doch hinter dir steht die offene Tür, zwischen dem Rahmen siehst du Wiese und Garten, so, wie du sie kennst.

Du schaust dich um, wo du bist.

Stichworte: *Auf der Wiese steht die Tür – du öffnest sie: Nebelschleier dahinter – du streckst die Hand durch: der Nebel verändert sich – du trittst mit einem Fuß hindurch: hier und da schemenhaft Dinge – du trittst ganz hindurch: die Nebel verschwinden.*

Die Situation der Fantasiereise ist irreal wie aus einem surrealistischen Gemälde: eine Tür steht mitten auf einer Wiese, ohne Haus oder Mauer oder sonst etwas um sich herum. Die Unsicherheit von Abschied und Neubeginn soll möglichst rein gefaßt werden.

Das Starren in die Zukunft läßt nur die Nebel tanzen. Wenn etwas zu erkennen wäre, dann wäre es nur eine Fantasie. Mit dieser Fantasie ließe es sich überlegen: Warum zeigt sie schöne oder häßliche Bilder? Was sagt das über unsere Gewogenheit gegenüber einer Veränderung aus? Was sagt das über unsere Bereitschaft, durch die Tür zu gehen? Was sagt das über unser Lebensgefühl? Was über unsere Vergangenheit, über unsere Erfahrungen mit bisherigen Veränderungen?

Eigentlich läßt sich die Zukunft aber erst sehen, wenn wir handeln, das heißt, wenn wir durch unser Tun eine bestimmte Veränderung herbeiführen. Die Zukunft – so jedenfalls behaupten es die Bilder der Fantasiereise – ist nichts, das vorgefertigt und unveränderlich vor uns stünde und in das es nur einzutreten gälte, die Zukunft wird durch unser Handeln erst in eine bestimmte Richtung gelenkt und so zum Erscheinen gebracht. Sie manifestiert sich erst mit uns und unserer Bewegung.

Die Bewegung der Hand zeigt diese Veränderbarkeit der Zukunft. Das Hindurchschreiten durch die Tür macht eine bestimmte Zukunft für uns fest. Auch diese ist immer noch veränderlich. Tatsächlich verändert sie sich ununterbrochen, mit jedem Schritt, den wir tun. Die Nebel verschwinden im Handeln.

Der Knoten

Selbsterkundung – Perspektivenwechsel – Problemlösung

Auf einem Hügel im Garten steht ein kleiner Tempel. Um Säulen schlingt sich Efeu. Der Eingang steht offen, da ist keine Tür. Vor dem Altar aus einer einzigen Steinplatte liegt ein Seil auf den Fliesen, in dem ist ein gewaltiger, unlösbarer Knoten.

Du siehst Menschen herankommen, aus allen Völkern und Zeiten, Frauen und Männer, Junge und Alte, Hohe und Niedrige. Einer kommt nach dem anderen, alle versuchen sich an dem Knoten. Es ist eine lange Reihe. Einer nach dem anderen beugt sich nieder, um den Knoten zu lösen.

Du siehst reich Gekleidete, Menschen in einfachen Kleidern, in Lumpen. Du siehst Bauern und Handwerker, Arbeiter, Geistliche, Kaufleute, Herrscher, Beamte, Soldaten. Du siehst verzweifelt Dreinblickende, Lächelnde, Lachende, Weinende, gleichgültig Schauende, Gleichmütige, Verwegene, Ängstliche.

Ein Soldat durchtrennt mit seinem Schwert den Knoten. Er lacht laut. Als er sich abwendet und geht, liegt der Knoten unversehrt vor dem Altar.

Einem Wissenschaftler gelingt es, den Knoten zu lösen. Zu beiden Seiten des Seils sind dabei neue Knoten entstanden. Er müht sich an ihnen, und auch sie lösen sich auf. Nun ist da wieder der Knoten in der Mitte des Seils.

Ein Kaufmann zuckt die Schultern. Er läßt den Knoten und untersucht die Güte des Seils. Er versucht, es zu heben, aber es scheint zu schwer. Er läßt es liegen und geht.

Ein Kanzler redet auf den Knoten ein. Nach einer Weile wendet er sich zufrieden um und schaut zu den anderen, als erwarte er Beifall. Der Knoten liegt unbewegt da.

Ein Priester kniet vor dem Knoten und betet. Knoten und Seil verschwimmen, werden fast unsichtbar. Der Priester wendet sich zufrieden ab und geht. Knoten und Seil liegen wieder einfach nur da.

Ein Weiser streicht mit der Hand über den Knoten. Der entwirrt sich. Der Weise geht weiter, zum Altar. Der Knoten liegt für den nächsten da.

Ein Kind streicht mit der Hand über den Knoten. Der entwirrt sich, verschwindet. Das Kind geht weiter, zum Altar. Der Knoten liegt für den nächsten da.

Männer und Frauen, Alte und Junge, Reiche und Arme, Hohe und Niedrige, eine lange Reihe von Menschen versucht, den Knoten zu lösen. Mancher scheint es zu schaffen, und doch liegt der Knoten nachher noch immer vor dem Altar. Mancher glaubt es zu schaffen, obwohl sich nichts ändert. Mancher verändert den Knoten, ohne ihn lösen zu können. Mancher schafft keine Veränderung. Alle treten sie her und treten sie ab.

Du siehst dir ihre Versuche an. Vielleicht trittst auch du vor; vielleicht beugst auch du dich nieder und versuchst, den Knoten zu lösen.

Stichworte: *Im Tempel der unlösbare Knoten – Menschen kommen, versuchen ihn zu lösen: du beobachtest einige, die dir wichtig sind – vielleicht versuchst auch du dich daran.*

Die Vorgehensweise beim Lösen des Knotens (im Umgang mit Problemen) sagt etwas über den Menschen aus. Ob der Knoten tatsächlich gelöst wird, ist nicht unbedingt die wichtigste Frage.

Am bekanntesten geworden ist die «Lösung» des Gordischen Knotens durch den Welteroberer Alexander. Er hieb ihn mit dem Schwert entzwei. Ähnlich gelagert ist die Lösung des Problems, ein Ei aufrecht hinzustellen. Kolumbus fand hier eine «Lösung», die sprichwörtlich geworden ist.

Bei beiden Lösungen ist die Reaktion der anwesenden Menschen nicht überliefert. Sie wird wohl nicht ungeteilt begeistert gewesen sein. Diese Lösungen zerstören ihren Gegenstand. Der Knoten ist gelöst – aber das Seil ist kaputt, das Ei zerschlagen.

Die beiden Lösungen sind trotzdem nicht ohne Grund so berühmt geworden. Alexander eroberte anschließend weite Teile der Welt, Kolumbus entdeckte Amerika wieder. Nur das Unkonventionelle führt zum großen Erfolg, soll das wohl heißen. Schade, daß in diesen beiden Fällen das Unkonventionelle gleichzeitig das Gewaltsame ist.

Hat Alexander den Gordischen Knoten wirklich gelöst? Zumindest machte er es anderen unmöglich, sich an der Lösung weiter zu versuchen. In der Fantasiereise geht es nicht um die Lösung, es geht um die Art des Versuchs. Vielleicht ist das auch bei vielen Problemen des Alltags so.

Strom der Liebe

Beheimatung – Problemlösung – Verwandlung

I

Du gehst tief in dich selbst. Spüre in deinem Herzen nach deiner Liebe, nach dem Gefühl der Liebe in dir.

Laß die Liebe sich sammeln, zusammenströmen in dir. Vielleicht ist sie wie eine sprudelnde Quelle, vielleicht wie ein stiller See, vielleicht wie ein weites Meer. Du spürst die Kraft in der Liebe.

Laß die Liebe dich ganz durchspülen, laß sie durch deinen ganzen Körper spülen, bis sie dich völlig durchdringt.

Denke nun an jemanden, den du magst. Schick ihm von deiner Liebe. Stell dir vor, wie deine Liebe zu ihm strömt und ihn völlig durchdringt.

Du schickst von deiner Liebe nach außen, zu jemand anderem. Aber die Liebe in dir wird deshalb nicht weniger, nimmt deshalb nicht ab. Die Liebe in dir wird mehr, je mehr du versendest.

Weite den Kreis der Liebe nun aus. Sende die Liebe in dir weiter nach außen, zu allen Menschen in deiner Umgebung. Laß die Liebe sie ganz durchdringen.

Achte dabei nicht darauf, ob du mit den Menschen einverstanden bist.

Die Liebe geht über alles hin, sie wendet sich ganz

einem Inneren zu, jenseits von Meinungen oder Verhalten, sie geht über jedes Ja und jedes Nein.

Weite den Kreis nochmals aus. Sende die Liebe in das ganze Land. Durchdringe die Menschen des Landes ganz mit deiner Liebe.

Weite den Kreis nun aus auf die Welt. Sende deine Liebe rund um die Erde. Laß die Erde völlig durchdrungen sein von deiner Liebe.

Stichworte: *Du läßt die Liebe in dir sich sammeln, läßt sie dich durchspülen – du schickst die Liebe zu jemandem, den du magst – du schickst weiteren Menschen von deiner Liebe – du schickst von deiner Liebe an alle Menschen im Land – du läßt deine Liebe die ganze Welt durchdringen.*

Veränderung läßt sich erreichen durch die Sensibilisierung für bestehende Probleme, durch die Beschäftigung und Auseinandersetzung mit ihnen. Schlechtes zu verstehen und umzuwandeln ist der eine Weg zur Veränderung. Der andere, der ganz unabhängig davon gegangen werden kann, besteht darin, Gutes zu fördern.

Gutes ist immer schon da, ganz selbstverständlich, manchmal fast unbegreiflich, kaum wahrgenommen, weil es nicht auffällt. Die Beschäftigung damit kann es fördern. Wir denken stark in Stimmungen, Mitlauten. Unsere Gedanken bewegen sich in mitklingenden, mitschwingenden Netzwerken. Denken wir etwa an «Sonne», so ist da eine Helligkeit dabei im Gegensatz etwa zu Dunklem, ein Rundes im Gegensatz zu Kantigem, ein Warmes im Gegensatz zu Kaltem. Denken wir «Sonne», verändert sich unser Empfinden entsprechend dieser Beiklänge. Fallen uns weitere Wörter ein, werden sie sich eher im Netzwerk von Wärme, Licht und Rundheit bewegen, und unsere Gefühle werden sich entsprechend verändern. Die Beschäftigung mit Gutem fördert sich so selbst und bringt uns in ein entsprechendes Fahrwasser. Probleme können sich so verwandeln, ohne daß sie überhaupt direkt angesprochen wurden.

Diese Fantasiereise kann auch erweitert werden. Wenn sie einige Male schon durchgeführt wurde, kann versucht werden, die Liebe ausdrücklich auf Menschen auszuweiten, die man nicht mag oder sogar haßt. Unsere Ablehnung und unser Haß stehen vor allem uns selbst im Wege, wie berechtigt sie auch immer scheinen mögen oder tatsächlich sind. Sie aufzulösen oder wenigstens abzuschwächen, hilft so auf jeden Fall uns selbst.

Am besten, man führt die Fantasiereise dazu wie oben aufgezeigt durch. Und dann geht sie weiter, etwa mit folgenden Vorstellungen:

2

Stell dir nun jemand Bestimmten vor, der dir recht gleichgültig ist. Du hast nichts gegen ihn, aber du kannst auch nicht sagen, daß du ihn magst. Deine Gefühle ihm gegenüber sind neutral. Sende auch ihm von der Liebe. Laß die Liebe ihn ganz durchdringen. Vielleicht spürst du eine Veränderung. Du spürst die Liebe, sie ist wie ein Meer und verbindet alles, was sie durchspült.

Stell dir nun jemand Bestimmten vor, den du nicht magst, den du vielleicht sogar haßt. Laß die Gründe dafür ganz außer acht, und achte nur auf dies *eine* darunter, das Herz, die Seele, wie du es nennen willst. Das ist ganz unberührt, ganz unberührbar von allem Gegensatz, von Entzweiung, von Streit, von Neid und von Haß. Stell dir die Liebe vor, wie sie strömt, wie ein Meer, und wie alles in ihr ist. In dieser Liebe seid ihr verbunden – vielleicht nicht an der Oberfläche, aber tief drunten, wo nur dieses *eine* ist. Ihr seid verbunden in dieser Liebe, wie vom Licht der Sonne, das auch auf alles scheint, und wie von der Luft, die von allem Lebendigen gleichermaßen geatmet wird. Stell dir die Liebe vor, wie sie euch beide durchströmt und verbindet.

Und dann laß den anderen, und achte nur auf die Liebe und auf dich. Achte auf den Strom der Liebe, der durch alles geht, in dir, in deinem Herzen.

Stichworte Fortsetzung: *Jemand Gleichgültiges vorstellen, von der Liebe durchströmt – jemand vorstellen, den du haßt, von der Liebe durchströmt – die Liebe strömt in dir.*

Wenn die verhaßte Person die Fantasiereise negativ färbt, statt sich umgekehrt durch die positiven Bilder ins Bessere zu verändern, dann sollte die Fantasiereise auf einer niedrigeren Stufe wiederholt werden. Am besten, man führt dazu den ersten Teil der Fantasiereise noch einmal durch und setzt dann fort mit dem Strom der Liebe gegenüber einem mehr oder weniger gleichgültigen Menschen. Wenn das gut klappt, kann in Zwischenschritten nach und nach zu weniger neutralen und mehr negativ gesehenen Menschen übergegangen werden. Wichtig ist, daß die Fantasiereise immer positiv abgeschlossen wird. Deshalb endet sie mit dem reinen Strom der Liebe.

Andere Person

Perspektivenwechsel – Selbsterkundung – Verwandlung

Stell dir jemanden vor, den du nicht magst, verachtenswert findest, haßt. Vielleicht ist das privat. Stell dir dann vor, diese bestimmte Person zu sein, und töne alles ganz positiv, wie es die andere Person wohl empfinden wird.

Laß deine eigenen Vorstellungen und die Vorstellungen der übrigen Welt einfach beiseite, lege sie vorübergehend ab, und begib dich ganz in die Erlebenswelt dieser anderen Person.

Laß dich dort durch einige Szenen treiben – ohne große Worte oder Aktionen, einfach einige Zeit in dieser anderen Person, die du sonst schlecht findest, von außen, von dir selbst aus, aber nun von innen erlebt, von dieser anderen Person aus, ist alles sehr positiv getönt.

Versuche, das Fremdartige, auch das Abstoßende als ganz normal und gut zu erleben, wie es der anderen Person wohl erscheinen mag.

Am Ende gehe von dieser anderen Person wieder zu dir selbst. Achte auf die Unterschiede. Wie verändert sich deine Sicht der anderen Person? Wie verändert sich deine Sicht von dir selbst?

Stichworte: *Jemanden vorstellen, den du nicht magst – dich in die andere Person ganz hineinversetzen – das Erleben wandelt sich, wird positiv – zurückversetzen in dich selbst: was hat sich verändert?*

Diese Fantasiereise sollte wiederholt durchgeführt werden – ganz besonders, wenn sie schwerfällt. Mit der Übung sollen aber keineswegs etwa Unterschiede ausgeglichen und alles harmonisiert werden. Sie dient der Selbsterkenntnis. Die Identifikation zwingt dazu, Unterschiede (und Ähnlichkeiten) klarer zu sehen und so sich selbst zu erkennen. Am anderen, vor einem kontraststarken Hintergrund, gelingt das am besten. Gerade mißliebige andere Personen eignen sich gut als Spiegel des eigenen Ich – viel eher als Freunde oder neutrale Menschen.

Eine einzelne Person bietet einen guten Ansatzpunkt zur Identifikation. Wenn es zunächst unmöglich erscheint, sich in eine sehr negative Person hineinzuversetzen, kann es zunächst mit einer «leichteren» versucht werden, mit einer, die weniger schlimm oder neutral erscheint. Es lohnt sich, einige Mühe und Versuche für diese Übung in Kauf zu nehmen, um sie «richtig» hinzubekommen.

Auch Exotisches wie ein Punk oder ein Skinhead kann versucht werden. Solch wahrscheinlich etwas abwegig erscheinende Identifikationen eignen sich wegen ihrer Fremdartigkeit auch dann sehr gut, wenn man gegen die gewählte Person gar nichts hat. Die Fremdartigkeit ist dann schon genug Kontrast.

Durch Identifikation mit einer Gruppe lassen sich Weltanschauungen oft besser einfangen als durch Identifikation mit einer einzelnen Person. Auch Gruppen lassen sich also gut für diese Übung verwenden. Das kann eine Personengruppe sein, die uns aufgrund ihrer beruflichen Tätigkeit sehr fremd ist. Oder wir wählen eine uns fremdartig (und unsympathisch) erscheinende religiöse Gruppe bzw. Gemeinschaft. Oder eine uns suspekte politische Richtung. Hier sind die Positionen zwar eigentlich alle sehr nahe, im Vergleich zum reicheren Spektrum früherer Zeiten nur schwer unterscheidbar, aber – vielleicht eben deshalb – besonders emotionsgetönt.

Je größer wir den Unterschied zu unserer eigenen Überzeugung lebendig gestalten können, um so besser. Wer sich selbst als eher «links» ansieht, wählt entweder eine «rechte» oder eine orthodoxe Position, was er eben selbst am meisten mißbilligt. Entsprechend umgekehrt bei einer rechten oder orthodoxen Einstellung.

Tier

Perspektivenwechsel – Verwandlung

Wähl dir ein Tier, das dir gut gefällt, das du magst, und versetze dich ganz in es hinein. Versuche, eine Zeitlang ganz dieses Tier zu sein, alles so zu erleben, wie dieses Tier es wohl erlebt.

Achte dabei auf die Größe und Perspektive – wie sich die Höhe und Größe der Gegenstände verändert.

Achte dabei auf die Sinnesorgane – wie sich die Stärke und Wichtigkeit der einzelnen Sinnesorgane verändert.

Achte dabei auf die Gewichtung von Intelligenz, Gefühl und Instinkt.

Achte dabei auf das Verhalten und den Antrieb für dieses Verhalten.

Achte dabei ganz auf die andere Erfahrung.

Stell dir vor, dieses Tier zu sein, und erkunde als dieses Tier einen Raum oder ein Stückchen des Gartens.

Stichworte: *In ein Tier hineinversetzen, das dir gefällt – Veränderung von Größe und Perspektive – Sinnesorgane – Intelligenz, Gefühl – Verhalten und Antrieb.*

Diese Übung läßt sich mit verschiedenen Tieren durchführen, anfangs am besten mit einem, das man mag. Später können dann auch ungeliebte Tiere Identifikationsfiguren sein. Der Lebensraum kann variiert werden. Ein Vogel in der Luft – wie ist es, die Dreidimensionalität des Raumes wirklich zu leben? Wir leben – erdgebunden – sonst sehr auf zwei Dimensionen bezogen. Ein Fisch im Wasser, ein amphibisches Wesen. In Pflanzen sich einzuleben ist schwieriger, aber es läßt sich versuchen.

Natürlich kann uns eine wirkliche Identifikation mit einem Tier, einer Pflanze oder auch nur mit einem anderen Menschen nie gelingen, auch wenn wir es anders empfinden. Es ist immer nur unsere Vorstellung, die wir erleben. Aber die Vorstellung des anderen erweitert unseren Horizont, sie macht uns selbst freier und reicher.

Rollenspiel

Selbsterkundung – Perspektivenwechsel

Suche nach einer Handlung bei anderen, die du nicht leiden kannst, irgend etwas, das du falsch findest oder verwerflich oder sogar kriminell.

Stell dir vor, wie du die Handlung selbst begehst, mit bestem Gewissen und ohne Scheu, vielleicht mit Begeisterung.

Stell dir vor, wie du handelst, vielleicht allein, vielleicht mit anderen, immer gewiß, daß es gut ist, was du tust.

Stell dir den Fortgang der Handlung vor. Achte dabei auf «deine» Beweggründe, auf die Anschauung, aus der heraus du handelst und aus der heraus das Getane richtig ist.

Achte genau darauf, wieweit du dich auf diese Rolle einlassen kannst. Achte darauf, was dich zurückhält, wenn du ein Zögern spürst.

Achte auf alle Gefühle, die in dir aufsteigen, während du deine Rolle spielst. Achte auf alle guten Gefühle, achte auf alle schlechten Gefühle. Versuche die Gefühle ganz unabhängig von moralischen Empfindungen ganz einfach aufzunehmen und zu benennen.

Nach der Fantasiereise kommst du wieder zu dir selbst zurück. Du betrachtest die Reise von deinem eigenen Ich aus.

Stichworte: *Im Rollenspiel der Fantasie eine Tat vollbringen, die du verabscheust – auf dem Wesensgrund deiner Rolle erscheint alles gut – auf die Gefühle dabei achten.*

Die vorgestellte verwerfliche Handlung sollte nicht zu extrem sein, einfach weil sie sich dann üblicherweise weniger gut rechtfertigen läßt. Gelingt es nicht, eine Handlung – in der Fantasiereise – zu rechtfertigen und sogar gut zu finden, sollte zunächst eine andere, weniger extreme gesucht werden.

Hintergrund dieser Fantasiereise ist nicht etwa, alles, was sich tun läßt, auch zu tun und gut zu finden. Natürlich lassen sich Dinge und Handlungen tatsächlich als schlecht (oder gut) einordnen – und sollten auch so eingeordnet werden. Wir neigen allerdings sehr dazu, zum einen gesellschaftliche Wertschätzungen unbefragt zu übernehmen und zum anderen Ablehnungen (und Wertschätzungen überhaupt) zu übertreiben.

Beides hat seine Gründe. Ohne ein gewisses Gemeinschaftsgefühl, und das heißt eben auch die Entwicklung und Übernahme gemeinschaftlicher Wertschätzungen, können Menschen kaum zusammenleben. Wichtig ist dazu offenbar weniger, daß die gemeinschaftlichen Wertschätzungen «stimmen», sondern daß sie verbinden.

Die Übertreibung von Wertschätzungen ist nicht weniger wichtig. Wir können mit Dingen (und Menschen) erst dadurch umgehen, daß wir die Unterschiede zwischen ihnen übertreiben, akzentuieren und so für uns verläßlich, abgrenzbar, stabil und damit handhabbar machen. Das geht bis in die Wahrnehmung hinein. Selbst Kanten oder Schattierungen von Flächen werden bereits auf unteren

Wahrnehmungsebenen übertrieben stark aufgenommen und gegen die Umgebung stärker abgesetzt, als es der Wirklichkeit entspricht.

So wichtig diese Prozesse auch sind, manchmal können sie schaden. Die Übernahme gemeinschaftlicher Wertschätzungen kann uns tragen, uns eine Heimat geben – aber auch unsere Möglichkeiten hemmen oder ersticken und uns in ein feindschaftliches Verhältnis einzelnen anderen gegenüber bringen. Die allgemeine Tendenz zur Übertreibung von Wertschätzungen kann das noch verstärken. Mit der Fantasiereise läßt sich über die Wahrnehmung solcher Prozesse ein gewisses Gegengewicht setzen.

Karten

Verwandlung – Perspektivenwechsel

Im Garten, weiße Wolken ziehen langsam dahin. Du achtest nicht darauf, du sitzt neben einer Karte des Gartens im Gras. Du entfaltest die Karte. Du streichst sie glatt und betrachtest sie.

Eingezeichnet die Hügel, die Bäche, der Fluß, Gebäude, Waldstücke, Wege und offenes Land. Du betrachtest die Karte, schätzt Entfernungen, Steigungen, gehst in der Vorstellung Wege ab.

Du fährst mit der Hand über die Karte, streichst sie hier und da nochmals glatt.

Deine Hand fährt weiter, über den Rand der Karte hinaus, auf die Wiese neben der Karte. Deine Finger streichen über das Gras. Die Empfindung der Karte, des Randes der Karte, die Empfindung des Grases.

Auf der Karte eingezeichnet ein alter Baum, ganz in der Nähe. Du fährst mit dem Finger über den Baum.

Du nimmst die Karte, faltest sie zusammen und steckst sie ein. Du gehst zu dem Baum in der Nähe. Du streichst mit der Hand über die Rinde des Baumes.

In der Karte eingezeichnet ein steinernes Rasthaus. Du fährst mit dem Finger über das Zeichen.

Du gehst zum Rasthaus und streichst mit der Hand über den grob behauenen Stein. Du fühlst die Kühle des

Steins. Du fühlst seine Wärme, dort, wo die Sonne ihn trifft.

Du wanderst all die Orte ab, die die Karte dir zeigt. Die Karte weist dir den Weg. Du berührst die Dinge auf der Karte, du berührst sie, wenn du vor ihnen stehst.

Stichworte: *Im Gras sitzen, eine Karte entfalten – die Karte betrachten – die Karte glattstreichen: die Hand fährt über die Karte hinaus ins Gras – einen Baum auf der Karte berühren – zum echten Baum gehen, seine Rinde berühren – auf der Karte andere Dinge berühren – die Dinge besuchen und berühren.*

«Die Welt ist viel reicher, als wir glauben, wenn wir die Karte von der Welt betrachten. Wir selbst sind viel reicher, als wir glauben, wenn wir die Karte von uns selbst betrachten.» (Tor Nörretranders)

Karten sind sehr hilfreich, jeder Wanderer weiß das und jeder Autofahrer. Aber sie dienen nur der Orientierung in der Welt, sie sind nicht die Welt. Von allem, bei dem Orientierung nötig ist, haben wir Karten im Kopf. Karten vom Weg zur Arbeit, Karten von den Einkaufsmärkten, Karten von den umgebenden Dingen, Karten unserer sozialen Beziehungen, Karten von anderen Leuten und von uns selbst. Der Weg in die Stadt geht dort lang, die Dinge sind so und so, die Menschen haben diese und jene Merkmale. Karten halten unsere Erfahrungen fest und machen sie so für die Zukunft verfügbar.

Karten sind kleiner als die Wirklichkeit, nicht alles ist in ihnen enthalten. Das macht sie handhabbar. Eine Karte, die alles enthält, kann keine Orientierung mehr bieten, sie wäre so groß wie die Welt. Karten müssen also unvollständig sein, um Sinn zu haben. Das, was sie abbilden, erscheint nicht so, wie es ist, sondern eben als Abbildung. Und Karten sind fest, verändern sich nicht, zumindest nicht so schnell wie das, was sie abbilden. Auch das ist wichtig. Auch das kann uns aber manchmal etwas vorgaukeln, das sich in der Wirklichkeit so nicht findet. Wir haben Vorstellungen von bestimmten anderen Menschen, die vielleicht einmal stimmten, aber heute längst überholt sind. Auf unserer Karte sind sie noch immer verzeichnet. Eigenschaften von anderen Menschen sehen wir oft stark überzeichnet wie Karikaturen. Etwas, das jemand einmal sagte oder tat, hat sich uns eingeprägt, bestimmt unser Bild von ihm, es erscheint uns «typisch» für diese Person. Fragte man nach, erinnerte sich die Person vielleicht gar nicht daran, oder wenn doch, lächelte sie darüber, betrachtete das Wort oder die Tat als etwas für sie eher Exzentrisches.

Karten sind wichtig und gut, wenn man sie zu benutzen weiß. Und das heißt als erstes: Karten als Karten erkennen und nicht mit der Wirklichkeit selbst verwechseln. Die Fantasiereise beschäftigt sich damit.

Die Wand

Perspektivenwechsel – Problemlösung

Neben dem Bach führt der Weg durch ein freundliches Tal. Du setzt Schritt vor Schritt, leichthin, unter den weißen Wanderwolken am Himmel. Du wanderst dieselbe Richtung wie sie. Am rauschenden Bach stehen Weiden und größere Bäume. Sie flüstern im Wind. Vielleicht singst du ein Lied, vielleicht ist dein Lied so wie das Lied der Sonne hoch oben – nur *ein* Ton, aus tausend Tönen, ohne Vergangenheit, ohne Zukunft, immer nur *hier*. Ein Lied wie dein Atem und das Strömen des Blutes.

Das helle Licht der Sonne, das freundliche Tal, gleichmäßig und leicht deine Schritte ... du spürst die Weite der Welt.

Hinter der Bachbiegung ist plötzlich die Wand. Sie ist so hoch wie der Himmel. Auch links und rechts zieht sie sich unübersehbar hin. Hier endet der Weg, schroff. Der Bach scheint irgendwie in der Wand zu verschwinden.

Du stehst vor der Wand. Du achtest darauf: Wie hat die Welt um dich sich verändert? Achte auf den Gesang der Vögel, achte auf das Rauschen des Baches, das Rauschen der Blätter im Wind ... Achte auch auf die Sonne und die ziehenden Wolken.

Stell dir vor, wie du an der Wand stehst, die dich hemmt. Der Bach sickert irgendwie durch sie hindurch, die Wolken durchdringen sie ohne Mühe. Du aber stehst im Schatten der Wand, in der Kühle, der Düsternis.

Die Sonne zieht ihren Bogen, wieder und wieder, du aber stehst immer nur da, wie unbeweglich, nur dein Atem geht, und dein Blut strömt, im Kreis. Du stehst im Schatten der Wand.

Die Zeit geht hin. Du hast es dir an der Wand eingerichtet, eine Hütte lehnt an ihr, gibt dir Sicherheit. Du hast dich umgedreht, die Wand ist nun nicht mehr vor dir, du hast sie im Rücken.

An der Wand beginnt nun die Welt. Du gehst die kleinen Wege der Erde, am Bach, im Wald, hinaus zu den Feldern. Immer kehrst du zurück, zur Wand, an der deine Hütte lehnt.

Das Rauschen des Bachs scheint hier tiefer, die Lieder der Vögel haben einen anderen, innigeren Ton hier, die Sonne erscheint dir hier wärmer als anderswo. Die Wand ist so groß wie der Himmel und einfach nur da wie die Erde. Vor der Wand erstreckt sich die freundliche Welt.

Stichworte: *Wanderung durchs freundliche Tal – plötzlich die Wand, du stehst in Kühle und Schatten – du hast dich umgedreht, die Wand ist nun hinter dir, bietet Sicherheit; vor dir erstreckt sich die Welt.*

Dinge zu akzeptieren, so wie sie sind, erlaubt, auch zunächst nicht wahrgenommene Möglichkeiten zu sehen und zu nutzen. Das kann wie eine Wendung des Blicks erscheinen, so wie in dieser Fantasiereise. Die undurchdringliche Wand wird zunächst nur als Sperre und Hemmnis vor einem gesehen, nach dem Umdrehen aber als fester Halt im Rücken, vor dem offen die Welt liegt. In einer rein negativen Sichtweise verweilen, gegen das Unvermeidliche aufbegehren mag sehr heroisch wirken, doch es verengt leicht den Blick, verdüstert ihn auch gegenüber anderen Dingen, gegenüber dem Singen der Vögel sogar, gegenüber dem Rauschen des Wassers, gegenüber dem Himmel.

Dieses Umdrehen erlaubt, die hemmende Wand aus einer anderen Perspektive zu sehen. Diese Perspektive ist günstiger, hilfreicher unter den gegebenen Umständen, so wurde sie zur eigenen gemacht und die alte verabschiedet.

Die eigenen Möglichkeiten werden oft eingeengt, durch das Beharren auf eine bestimmte Sichtweise. Diese Sichtweise mag durchaus richtig sein – unter der Perspektive, in der sie zunächst wahrgenommen wird. Die Wand ist zweifellos ein Hindernis, das zu sehen ist nicht «falsch». Wenn die Sichtweise aber ungünstig ist, nur hemmt statt fördert, wenn die Situation nicht verändert werden kann, die eigenen Mittel dazu hoffnungslos überfordert sind, dann ist vielleicht eine Veränderung der Sichtweise hilfreich. Wenn eine neue Sichtweise gefunden werden kann, die ebenso «wahr» ist, unter einer anderen Perspektive, aber für die eigenen Möglichkeiten fördernd statt hemmend, die Welt erhellend statt verdunkelnd, herausfordernd statt überfordernd, mit Freude verbunden statt mit Leid, dann ist es gut, die Perspektive zu wechseln. Sicher gibt es dazu mehrere Möglichkeiten, nicht nur die eine, die in der Fantasiereise angesprochen wird. Und nicht die erste, die in den Sinn kommt, muß die beste Alternative sein.

Ein Wechsel des Blicks mit dem Einrichten ins Unvermeidliche, mit der Indienstnahme des Hemmenden in den eigenen Nutzen, kann allerdings in manchen Situationen schaden. Denn vielleicht gibt es die Möglichkeit, die Wand zu überwinden, wenn man nur gut genug schaute, und durch dieses Einrichten an ihr verliert man dies aus dem Blick. Vielleicht war die Wand einmal unüberwindlich und diese Umkehr des Blicks die beste Möglichkeit – aber das hat sich geändert. Nur eine, nämlich die neue Perspektive, die Möglichkeit eines Einrichtens an der Wand, festzuhalten kann vor einem Wechsel der Gegebenheiten so blind machen wie das Beharren auf der andern Perspektive zuvor. Perspektiven, Einstellungen des eigenen Blicks gegenüber den Dingen sind wichtig, wir können wohl auch gar nicht anders wahrnehmen. Aber sie müssen immer wieder neu auf ihre Stimmigkeit und ihren Nutzen geprüft werden. Sonst kann es vor der Wand zu einem Einrichten kommen, das unbefragt fortdauert, auch wenn sie längst überwindbar geworden ist. Damit beschäftigt sich die nächste Fantasiereise.

Das Gefängnis

Perspektivenwechsel – Problemlösung

Das Gefängnis ist groß, ein ganzer Gebäudekomplex, viele Menschen wohnen darin. An ihren Zimmern sind schwere Türen mit Gittern. Auch die Fenster sind dick vergittert. Wärter tragen Uniformen und Waffen an ihren Seiten. Sie sind immer zu zweit unterwegs.

Mittags siehst du Gefangene beim Rundgang im Hof. Sie gehen im Kreis, alle mit derselben Geschwindigkeit. Manche gehen zu zweit, zu dritt. Die Wärter stehen am Rand in Gruppen zusammen. Sie beobachten die Gefangenen und schweigen.

Hinter einer kleinen Mauer am Hof liegen die Gärten. Manche Gefangenen verbringen den Mittag hier. Sie jäten Beete, sie säen, sie brechen Blumen und stellen sie zu Sträußen zusammen, sie gießen, sie ernten Gemüse, sie pflücken Obst von Büschen und Bäumen.

Manche Gefangenen singen bei der Arbeit in den Gärten oder bei der Runde im Hof, andere schweigen; manche lächeln, andere zeigen ein bitteres Gesicht. Weshalb die einen mittags im Hof, die anderen in den Gärten sind, ist nicht zu erkennen. Die Wärter scheinen nie etwas zu sagen. Jeder Gefangene scheint seinen Platz von alleine zu kennen oder selbst zu bestimmen.

Jeden Morgen nach Wecken und Frühstück ist die

Revolte. Die Gefangenen rotten sich zusammen. Sie drängen die schweigenden Wärter zurück und schwärmen durch alle Gebäude. Sämtliche Türen werden geöffnet. An manchem Morgen dringen Gefangene bis in die Zentrale vor. Dann wird die Absetzung der Gefängnisleitung verkündet. Du siehst, wie frohe Gefangene ein Spalier bilden, durch die Menschen in Uniformen mit hängenden Köpfen davongehen. Sie verschwinden dann irgendwo. Nach der Revolte sind die Vormittage sehr arbeitsam. Die Zimmer werden neu tapeziert, die Gänge gebohnert, die Gitter entrostet und neu gestrichen. Nach dem Mittagessen ist dann wieder die Runde im Hof oder die Arbeit in den Gärten.

Du gehst durch die Gebäudekomplexe und betrachtest dir alles genau. Du siehst die Steine im Hof, abgetreten von den Schuhen endloser Generationen und ihren mittäglichen Runden. Du siehst die Blumen in den Gärten. Sie blühen frei im Licht, das hier fällt wie überall.

In einem der Beete liegen wuchtige Steine. Du hebst den Blick und siehst, daß sie aus der Mauer stammen, die das Gefängnis umgibt. Die Mauer ist hier eingefallen, der Stacheldraht hängt lose an den Seiten herab. Du steigst auf den Rest der Mauer und auf der anderen Seite wieder herunter. Vor dir erstreckt sich ein Wald. Ein Pfad geht, verliert sich irgendwo zwischen den Bäumen. Du drehst dich um und schaust auf das Gefängnis zurück. Die Menschen arbeiten versunken in den Gärten. Seitwärts hörst du die Schritte im Hof. Eine Amsel singt, irgendwo hinter den Mauern verborgen. Du wendest dich ab und gehst den Pfad, hinein in die offene Weite.

Das Gefängnis

Stichworte: *Gebäudekomplexe des Gefängnisses – der Hof und die Gärten – Revolte und Hausputz – die eingefallene Mauer – der Pfad.*

Diese Fantasiereise ist eine Ergänzung zur vorigen, zu *Die Wand.* Das Gefängnis scheint ebenfalls etwas zu sein, in dem nur ein Einrichten möglich ist, in dem es nur gilt, das Beste aus einer schlechten Situation zu machen. Den Gefangenen gelingt das unterschiedlich gut: die einen drehen ihre öden Runden im Hof, andere arbeiten in den Gärten. Die Wärter bilden eine dritte, schwer einzuordnende Gruppe. Sie selbst werden denken, sie hätten das beste Los.

Die Gefangenen setzen sich mit ihrem Schicksal aktiv auseinander, sie ergeben sich nicht einfach darin. Jeden Morgen nach dem Frühstück ist eine Revolte. Die Gefängnisleitung wird abgesetzt. Und das Gefängnis wird – renoviert. Woher die Gefängnisleitung stammt, wird offen gelassen. Kommt sie immer wieder zurück? Oder bildet sich immer wieder schnell eine neue? Die Revolten scheinen jedenfalls nichts zu verändern. Sie gehören zum Gefängnis dazu.

Das Sichfügen ins scheinbar Unvermeidliche, die Anerkennung dieses Unvermeidlichen in diesem Sichfügen: Vielleicht gab es auch im Gefängnis einmal eine Zeit, zu der dies richtig war, tatsächlich das Beste war, wie vor *der Wand.* Aber jetzt trübt es den Blick. Die Mauer ist teilweise eingefallen, da ist ein Pfad, der führt in den Wald. Das Verlassen des Gefängnisses ist möglich geworden – aber die Menschen sind so eingerichtet in ihm, in ihren Runden im Hof, im Jäten des Gartens, in ihren kleinen

Revolten, in ihrer Arbeit als Wärter oder bei der Gefängnisleitung: sie sehen es nicht.

Dieser Pfad in den Wald – er wird nur berichtet, es wird nichts weiter über ihn gesagt. Aber ich kann mir vorstellen, daß einige der Gefängnisinsassen ihn entdeckt haben und sogar benutzen. Vielleicht sind manche wirklich entkommen, wer weiß wohin. Und andere machen ab und zu – *Urlaub?* Zur Schlafenszeit sind sie wieder zurück.

Ablage

Perspektivenwechsel

Vor dir inmitten der Wiese erscheinen drei Fächer in der Luft, eines links, eines in der Mitte und eines rechts. Du überlegst dir Menschen und Dinge, die du kennst, und ordnest sie ein, je nachdem, wohin du meinst, daß sie gehören.

Du betrachtest dir die Fächer, ihre Stellung im Raum vor dir, den Raum um die Fächer herum. Dann baust du an. Links kommen noch zwei Fächer dazu. Du läßt sie leer und betrachtest dir nur, wie die anderen Fächer dadurch verrücken. Das Fach, das vorher links war, liegt nun in der Mitte. Du setzt eine weitere Reihe von Fächern auf diese fünf. Nun gibt es oben und unten. Du setzt noch eine Reihe darunter. Die Reihe, die gerade noch unten war, liegt nun in der Mitte.

Fünf Ablagefächer in der Breite und drei in der Höhe sind nun vor dir. Du setzt davor eine weitere Schicht der gleichen Breite und Höhe. Das ist nun vorne, die alte Schicht ist hinten. Deine ersten drei Fächer sind hinter der neuen Schicht verschwunden.

Du überlegst dir einige der Menschen und Dinge, die du vorher eingeordnet hast, und ordnest sie neu ein, in dieser erweiterten Ablage. Du betrachtest dir ihren alten Platz und vergleichst ihn mit ihrem neuen.

Du betrachtest die ganze Ablage im Raum. Dann gehst du um die Ablage herum. Von der anderen Seite betrachtest du sie neu. Was vorher hinten war, ist nun vorne. Deine ersten drei Fächer sind wieder sichtbar geworden. Aber das rechte liegt jetzt links, und das linke liegt rechts.

Die Ablage ist ein Quader mit Fächern, fünf Fächer breit, drei Fächer hoch, zwei Fächer tief. Du überlegst, was für andere Formen die Ablage haben könnte: regelmäßig, ein Würfel, unregelmäßig mit anderen Fächerzahlen.

Du nimmst den Quader und drehst ihn um. Oben ist nun unten geworden, unten ist oben, vorne und hinten sind vertauscht.

Du drehst den Quader wieder zurück und gehst ein Stück Weg über die Wiese. Unter Bäumen am Weg bleibst du stehen. Du schaust auf den fernen Quader.

Stichworte: *Drei Fächer nebeneinander im Raum – Menschen und Dinge dort einordnen – neue Fächer hinzufügen, zunächst links davon, dann in die Höhe, dann in die Tiefe – einige Menschen oder Dinge neu einordnen – um die Ablage herumgehen.*

Der Blick in der Fantasiereise war vermutlich immer auf die Mitte dessen ausgerichtet, was jeweils vorhanden war; er richtete sich nach den vorhandenen Ablagefächern, nicht danach, welche Ablagefächer insgesamt möglich wären. Sich danach zu richten ginge auch gar nicht, denn natürlich sind fast beliebige Anordnungen vorstellbar. Und auch das ist noch unvollständig. So haben alle Ablagefächer in diesem System feste Grenzen. Etwas kann nicht zwischen zwei Fächern oder gleichzeitig in zwei (oder drei) Fächern liegen. Und die Zeit wird nicht berücksichtigt, alles bleibt offenbar immer so, wie es einmal eingeordnet wurde, es wechselt das Fach nicht.

Jedes Ablagesystem ist unrealistisch. Jede Ablage tut dem Abzulegenden Gewalt an. Dennoch ist sie notwendig. Wir müssen alles irgendwie einordnen, das heißt, in ein bestehendes System einfügen, das heißt, zu anderem in Beziehung setzen, wenn wir damit umgehen wollen. Der menschliche Geist (wohl jeder überhaupt vorstellbare Geist) funktioniert genau so. Die manchmal gehörten Appelle, auf «Schubladendenken» zu verzichten, gehen an jeder Wirklichkeit vorbei. So etwas ist nicht möglich, und wäre es möglich, wäre es schlecht. Es würde den Betreffenden lebensunfähig machen.

Einiges aber ist möglich – und sinnvoll: Schubladen als Schubladen zu betrachten. Das Einordnen in Schubladen als etwas selbst Getanes anzuerkennen und nicht als etwas, das von den eingeordneten Dingen und Menschen ausgeht, für das ohne weiteres die eingeordneten Dinge und Menschen verantwortlich sind. Mehrere Möglichkeiten des Einordnens erkennen. Die Veränderbarkeit unserer «Ablage» erkennen, sowohl in der Anordnung der Schubfächer als auch in der Bewegung durch die Zeit.

Linien

Perspektivenwechsel

Ein großes Blatt Papier auf dem Boden, mit Kieseln beschwert, die es halten. Ringsum das Gras, es steht hier und da über, wirft Schatten auf das weiße Papier.

Eine Linie erscheint auf dem Blatt, wird langsam größer und deutlicher, sie malt sich selbst. Du beobachtest ihr Wachsen. Sie ist ganz gerade.

Die Linie krümmt sich. Langsam biegt sie sich immer mehr. Die Enden finden sich, die Linie bildet Ovale und dann einen Kreis.

Der Kreis zerbricht. Die Linie zieht Kurven und Zacken übers Papier.

Ein Ende der Linie geht über den Rand des Papiers hinaus, verläuft sich im Gras.

Die Linie ist zu einer Wurzel geworden, verästelt.

Stichworte: *Ein großes Stück Papier auf dem Boden – eine Linie erscheint – wird zum Kreis – zerbricht und zieht Kurven – geht übers Papier hinaus ins Gras – wird zur Wurzel.*

Der Gang durch eine Stadt zeigt: alle Linien sind gerade gezogen, sie treffen strikt aufeinander, sie bilden klare Ecken und Kanten. Der Mensch neigt bei seinen Gestaltungen offenbar sehr zur geraden Linie. Selbst der Natur drängt er sie auf, wenn er kann. Bäche und Flußläufe sind begradigt, und da sie nicht möchten, mit Steinen und Beton gesichert.

In dieser Fantasiereise wird damit gespielt. Die Linie wird verändert und schließlich sich selbst überlassen. Die künstliche Form der Linie wird zur natürlichen, zur Wurzel. Sie geht über den theoretischen Rahmen hinaus, übers Papier, und findet die Erde.

Literatur

Damasio, Antonio R.: Descartes' Irrtum. Fühlen, Denken und das menschliche Gehirn. München 1997 (amerikanische Originalausgabe 1994).

Dennett, Daniel C.: Bewußtsein hat mehr mit Ruhm als mit Fernsehen zu tun. In: Maar, Christa; Pöppel, Ernst & Christaller, Thomas (Hg.): Die Technik auf dem Weg zur Seele. Reinbek 1996, Seite 60–89.

Eisenhardt, Peter; Kurth, Dan & Stiehl, Horst: Wie Neues entsteht. Die Wissenschaften des Komplexen und Fraktalen. Reinbek 1995 (Originalausgabe 1988).

Friebel, Volker: Die Kraft der Vorstellung. Mit Visualisierung die Selbstheilung anregen. Stuttgart 1993. *Buch mit Tonkassette.*

Friebel, Volker: Gelassenheit und Ruhe. Entspannungsübungen für den Alltag. Stuttgart 1994. *Buch mit Tonkassette.*

Friebel, Volker: Schlüssel in kleine Hände. Phantasiereisen, Geschichten und Vorstellungsübungen. Freiburg im Breisgau 1997. *Für Kinder.*

Friebel, Volker: Ein Zauber liegt in allen Dingen. Achtsam durch den Alltag gehen. München 1997.

Friebel, Volker; mit Musik von Jean-Pierre Garattoni: Die sanfte Kraft der inneren Bilder. Mit Phantasiereisen zu mehr Wohlbefinden. Stuttgart 1997. *Doppel-CD mit inliegendem Begleitheft.*

Gazzaniga, Michael S.: Das erkennende Gehirn. Entdeckungen in den Netzwerken des Geistes. Paderborn 1989 (amerikanische Originalausgabe 1985).

Kiecolt-Glaser, Janice K. & Glaser, Ronald: Stress and immune function in humans. In: Ader, Robert; Felten, David L. & Cohen, Nicholas (Hg.): Psychoneuroimmunology. Second Edition. San Diego 1991, Seite 849–867.

Lazarus, Arnold: Innenbilder. Imagination in der Therapie und als Selbsthilfe. München 1980 (amerikanische Originalausgabe 1977).

Leuner, Hanscarl: Lehrbuch des Katathymen Bilderlebens. Grundstufe, Mittelstufe, Oberstufe. Bern 1985.

Maaß, Evelyne & Ritschl, Karsten: Phantasiereisen leicht gemacht. Die Macht der Phantasie. Paderborn 1996.

Masters, Robert & Houston, Jean: Phantasie-Reisen. Zu neuen Stufen

des Bewußtseins: Ein Führer durch unsere inneren Räume. München 1984 (amerikanische Originalausgabe 1972).
Meichenbaum, Donald: Warum führt die Anwendung der Imagination in der Psychotherapie zu Veränderung? In: Singer, Jerome L. & Pope, Kenneth S. (Hg.): Imaginative Verfahren in der Psychotherapie. Paderborn 1986, Seite 453–468 (amerikanische Originalausgabe 1978).
Müller, Else: Du spürst unter deinen Füßen das Gras. Autogenes Training in Phantasie- und Märchenreisen. Vorlesegeschichten. Frankfurt am Main 1983.
Müller, Else: Inseln der Ruhe. Ein neuer Weg zum Autogenen Training für Kinder und Erwachsene. München 1994.
Muthmann, Friedrich: Mutter und Quelle. Studien zur Quellenverehrung im Altertum und im Mittelalter. Basel 1975.
Nörretranders, Tor: Spüre die Welt. Die Wissenschaft des Bewußtseins. Reinbek 1994 (dänische Originalausgabe 1991).
Otto, Walter F.: Die Musen und der göttliche Ursprung des Singens und Sagens. Düsseldorf & Köln 1955.
Philippe, Noelle: Visualisierung. Der kreative Weg zur Persönlichkeitsentfaltung. München 1990 (französische Originalausgabe 1989).
Roth, Gerhard: Das Gehirn und seine Wirklichkeit. Kognitive Neurobiologie und ihre philosophischen Konsequenzen. Frankfurt am Main 1997 (Originalausgabe 1994).
Seligman, Martin: Pessimisten küßt man nicht. München 1993 (deutsche Erstausgabe 1991, amerikanische Originalausgabe 1990).
Simonton, O. Carl; Matthews-Simonton, Stephanie & Creighton, James: Wieder gesund werden. Eine Anleitung zur Aktivierung der Selbstheilungskräfte für Krebspatienten und ihre Angehörigen. Reinbek 1982 (amerikanische Originalausgabe 1978).